イスラームからお金を考える

長岡慎介 Nagaoka Shinsuke

★——ちくまプリマー新書
476

目次＊Contents

イラスト　タカイチ

はじめに

皆さんは「イスラーム」と聞くとどんなイメージを思い浮かべるでしょうか。砂漠の宗教、1日に何度もお祈りをする人々、ヴェールで全身をまとった女性たち、なんだか厳しい教えがたくさんある宗教――。イスラームは、私たちとはかなり異なる考えを持った「遠い存在」だと感じる人が多いのではないでしょうか。

それでは、この本のタイトルにもなっている「イスラーム経済」はどうでしょう。え？　宗教と金もうけが一緒になっている？　宗教って、自分の欲を捨ててひたすらお祈りや修行をしないといけないから、金もうけなんてしてはいけないのでは？――宗教は心清らかに神への信仰を極める聖なるものであって、そこに金もうけのような俗なるものが入り込んでくることは、ヨロシクナイ、ケシカラン！　と考える人も少なくないのではないでしょうか。

この本は、私たちの知らないところで今、急速に発展してきている「イスラーム経済」に注目します。イスラームには、お金のもうけ方やその分け方についての独自の教えがあり、イスラーム経済は、そうした教えにもとづいて行われている経済活動のことを指します。

イスラームが登場したのは西暦7世紀で、独自の教えとそれにもとづいた経済活動はイスラーム世界各地で連綿と受け継がれてきました。しかし、近代になり、ヨーロッパ諸国がイスラーム世界に進出すると、明治維新以降の日本と同じように、資本主義と呼ばれるヨーロッパ式の経済のしくみがイスラーム世界を席巻《せっけん》していきました。

資本主義は、急速な経済成長を実現した一方で、経済格差や貧困、金融危機などさまざまな問題を引き起こしました。皆さんもそうした問題をニュースや学校で見聞きする機会があるかもしれません。20世紀半ばにヨーロッパ諸国からの自立を果たしたイスラーム世界でも、成長の陰でさまざまな経済問題が表面化していきました。そんな中で、ムスリムと呼ばれるイスラーム教徒たちは、自分たちの信仰にもとづいた経済のしくみを現代世界に復活させ、経済問題の解決に活用しようと考えたのでした。それが、この本で注目するイスラーム経済なのです。

現代のイスラーム経済は、ムスリムが抱える経済問題を解決することを第一の目標とするものですが、21世紀に入り、ムスリム以外のさまざまな人々からも注目を集めるようになってきています。その大きなきっかけは、２００８年の世界金融危機です。世界金融危機は、その名の通り、リーマン・ブラザーズというアメリカの投資銀行の倒産をきっかけに、世界の経済が大混乱に陥ったできごとでした。

そんな中、資本主義とは一線を画すしくみを作り上げていたイスラーム経済は、世界金融危機の被害を最小限に食い止めたのです。金融危機はもうこりごりだと思った人々は、資本主義の抱えるさまざまな問題を解決するヒントが、イスラーム経済の取り組みやその背後にある独自の知恵にあるのではないかと考え、イスラーム経済に注目するようになったのでした。イスラーム経済は、ムスリムのためだけなのではなく、人類全体にとっての希望の光にもなろうとしているのです。

この本では、イスラーム経済の取り組みを紹介しながら、そうした取り組みが提起している独自の経済（お金）の知恵が何であるのかを紹介したいと思います。そして、私たちが今の資本主義の問題を解決し、望ましい経済や社会を作っていこうとするときに、そうしたイスラーム経済の知恵からどんなことを学ぶことができるのかについても考えてみたいと思います。

少しだけ種明かしをしておくと、イスラーム経済の知恵は、私たちが意外と忘れかけている自分たちの知恵に似ているのかもしれません。その意味で、イスラームは単に「遠い存在」なのではなく、「遠くて近い存在」なのです。

イスラームと聞くと、少し取っつきにくいイメージを持つ人もいるかもしれませんが、少しだけ勇気を出してイスラームの世界をのぞいてみてはいかがでしょうか？

第1章　イスラーム世界へようこそ！

世界に広がるイスラーム

イスラームは、西暦7世紀にアラビア半島のマッカ（メッカ）で始まりました。マッカは、当時のインド洋と地中海を結ぶ交易ルートの中継地点となっていた商業都市です。イスラームの登場後、マッカはイスラームの聖地となり、現在でも毎年多くの信徒が巡礼にやってきています。マッカの中心にあるカアバ神殿と呼ばれる黒い布に覆われた建物のまわりを信徒がぐるぐると回っている写真を見たことのある人もいるかもしれません（写真1）。

マッカで多くの信徒を獲得することに成功したイスラームは、その後、アラビア半島を飛び出していきます。中東・北アフリカから南アジア・中央アジアにかけての地域では、イスラーム帝国と呼ばれるイスラームの教えにもとづいた国が信徒たちによって次々と作られていきました。さらに、東南アジアや西アフリカ、東アフリカでは、交易のために中東からやってきたムスリム商人によってイスラームの教えがもたらされ、それに影響を受けた現地の人々のあいだでイスラームが広まっていきました。

こうしてイスラームは、アジア・アフリカを中心に長い時間をかけて世界各地に広がっていきました。現在、世界のムスリムの総人口は約20億人にのぼると言われています。図1は、世界各国の総人口に占めるムスリムの割合を示したもので、色が濃いほどその国の人口に占めるムスリムの割合が大きいことを意味しています。

この図からは、イスラームの揺籃《ようらん》の地である中東や早くからイスラームが広まっていた北アフリカや南アジア・中央アジアには、ムスリムが多数を占める国がたくさんあることがわかります。また、歴史の中でイスラームを受け入れてきた東南アジアや西アフリカ、東アフリカでもムスリムが人口の一定割合を占めていることが見て取れます。

さらに、ヨーロッパにも色が付いている国（ドイツやフランス、イギリス）があることに気がつきます。ヨーロッパには、もともとムスリムがほとんどいなかったのですが、第二次世界大戦後に、移民や出稼ぎでアジア・アフリカからヨーロッパに渡るムスリムが増えてきました。現在では、ヨーロッパで生まれた彼らの子孫が多数居住しており、

写真1　イスラームの聖地マッカの中心にあるカアバ神殿
（Khalil_px/Shutterstock.com）

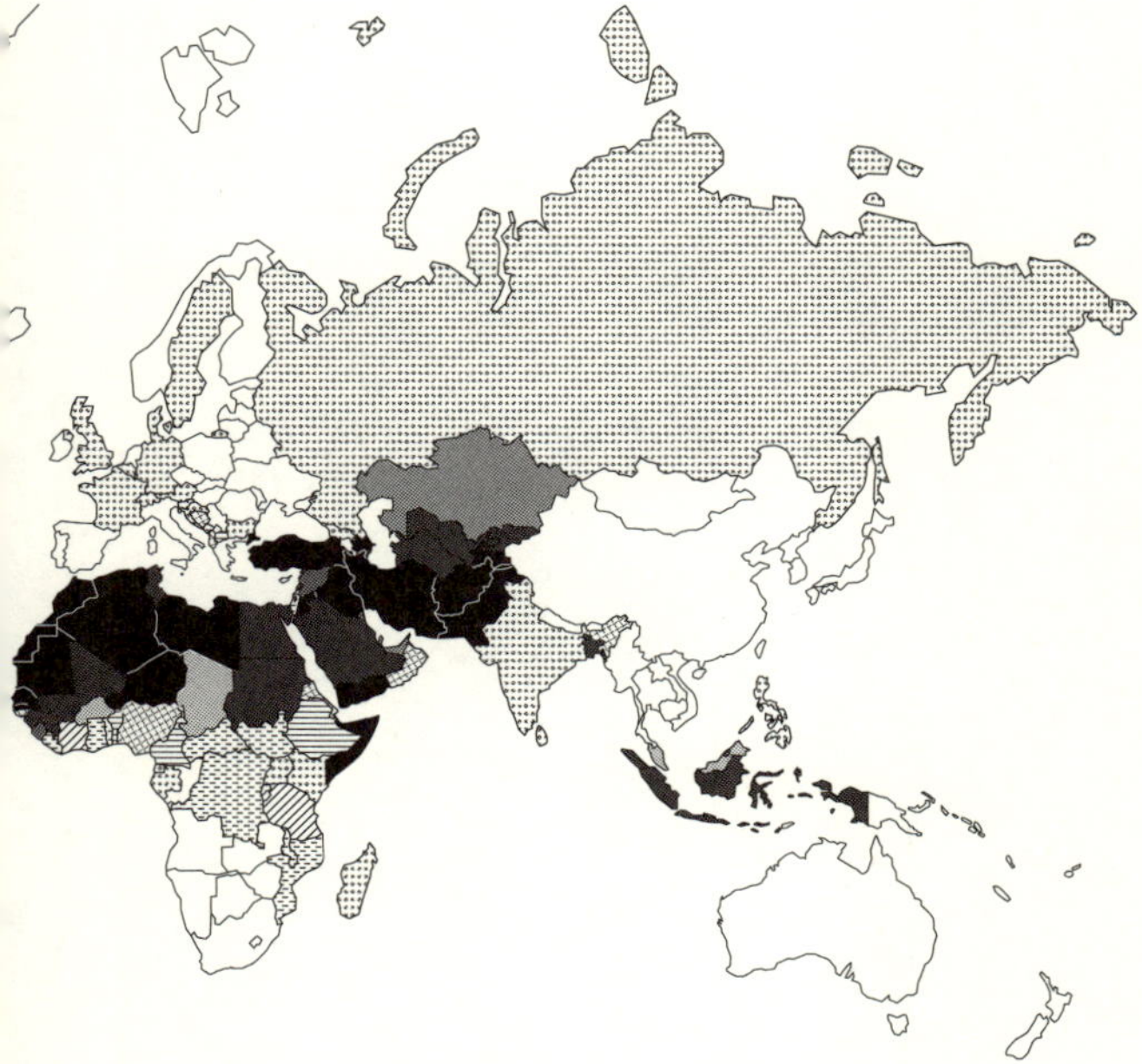

図1　世界各国の総人口に占めるムスリムの割合
（World Population Review より）作図：朝日メディア

総人口に占める
ムスリムの割合
0%
10%
20%
30%
40%
50%
60%
70%
80%
90%
100%

ヨーロッパで長い伝統を持つキリスト教徒とともに国づくりが行われています。

皆さんが思い浮かべるヨーロッパは、白人の人たちが街を歩いているイメージかもしれません。私もヨーロッパに初めて行くまではそう思っていました。しかし、実際のヨーロッパでは、さまざまな肌の色や民族衣装を着た人たちが交錯し、共存する光景が見られます。ムスリムもそうした社会の多様性の実現に一役買っているのです。

ちなみに、人口に占める割合は高くありませんが、アメリカや日本にもムスリムがいます。アメリカのムスリム人口は345万人（人口の1％）、日本は20万人（人口の0.2％）くらいと言われています。こうした国でも、ムスリムたちはお祈りをする施設であるモスクを中心に独自のネットワークを築き上げて、互いに助け合いながら日々の生活を送っているのです。

次に表1を見てみてください。表1はムスリムの人口が多い国を上から20か国並べたものです。面白いことに、上位5か国はイスラームが始まった中東にある国ではありません。1位のインドネシアは東南アジア、2〜4位のパキスタン、インド、バングラデシュはいずれも南アジアの国、5位のナイジェリアはアフリカの国です。6位にようや

1	インドネシア	2億4270万人
2	パキスタン	2億4076万人
3	インド	2億人
4	バングラデシュ	1億5080万人
5	ナイジェリア	9700万人
5	エジプト	9000万人
6	トルコ	8440万人
7	イラン	8250万人
9	中国	5000万人
10	アルジェリア	4374万人
11	イラク	3965万人
12	スーダン	3859万人
13	アフガニスタン	3703万人
14	モロッコ	3637万人
15	エチオピア	3470万人
16	サウディアラビア	3154万人
17	ウズベキスタン	2992万人
18	イエメン	2678万人
19	ニジェール	2110万人
20	マレーシア	2006万人

表1　ムスリムの国別人口ランキング（World Population Review より）

く中東のエジプトが顔を出します。このように、ムスリム人口の規模では、南アジアや東南アジアが他地域を圧倒していることがわかると思います。

世界のムスリムの人口は今後も増加を続け、アメリカのあるシンクタンクによると、2050年には世界人口の約3割を占めるようになると予測されています。これは、世界で最も信仰されている宗教であるキリスト教と信徒数で並ぶことになります。ムスリムの人口増加率はそれ以降も高い水準を維持し続けると考えられており、22世紀にはイスラームが世界で最も信仰されている宗教になることは間違いないと考えられています。

飛躍するイスラーム世界

人口の増加と同時に経済成長も著しいのがイスラーム世界の特徴です。経済成長の度合いを測る指標としてGDP（国内総生産）というものがあります。これは、1年間に新たに作り出された富がどのくらいあるかを集計したものです。世界のGDPに占めるイスラーム世界の割合を知るために、OIC（イスラーム協力機構）に加盟している国のGDPを足し合わせたものを見てみることにしましょう。IOCとはムスリムが人口の多数を占めている国で作られている国際組織のことです。

それによると、OIC加盟国のGDPの世界のGDPに占める割合は、2000年の4・5%から2022年の8・7%とこの約20年間で倍増していることがわかります。約8%という数字は、世界経済全体で見るとまだまだ小さいかもしれませんが、成長のスピードとイスラーム世界が持つ潜在的な経済力を考えれば、今後さらに世界経済においてイスラーム世界は無視できない存在になっていくものと思われます。

こうしたイスラーム世界の経済成長を象徴する存在が、中東のペルシャ湾に面した商業都市ドバイです（写真2）。ペルシャ湾に面した国々は湾岸諸国と呼ばれ、20世紀前半に発見された石油の富によって早くから発展をしていました。しかし、石油の資源には限りがあり、いつかは枯渇してしまうため、いつまでも石油に頼った発展を続けるわけにはいきません。

そこで、湾岸諸国は石油に頼らない経済成長をめざして試行錯誤を繰り返してきました。そんな中、ドバイは早くから経済の多角化に取り組み、貿易、金融、観光の一大拠点としての地位を確立することに成功しました。ドバイは、あっと驚く斬新な経済開発でも知られており、海に浮かぶヤシの木を模した人工島やブルジュ・ハリーファと呼ばれる世界一高いビル（828m）の建設は、国際的にも大きな話題を呼びました。

ドバイ以外のイスラーム世界の各地でもめざましい経済成長を見ることができます。大都市では、相次いで高層ビルや巨大ショッピングモールが建設され、自動運転の鉄道網が急速に整備されてきています。また、パソコンやスマートフォンを使った経済活動は、日本以上にさかんです。アプリを使った決済や配達・配車サービスだけでなく、SNSを使ったビジネスも活発に行われており、それらを巧みに使いこなす若い起業家も次々と現れてきています。

地球社会が抱えるさまざまな問題について、世界を牽引《けんいん》する国々が話し合う会議の一つにG20があります。G20は、日本を含めた先進国と、新興国と呼ばれる経済成長が著しい国々から構成されていますが、そこにイスラーム世界からインドネシア、サウディアラビア、トルコがメンバーとして参加しています。このことは、イスラーム世界の国際的な発言力が大きくなってきていることを如実に示すものであり、その背景には今述べてきたイスラーム世界の急速な経済成長があるのです。

写真2　上：イスラーム世界の経済成長を象徴するドバイ。奥にそびえるのが世界一の高さを誇るブルジュ・ハリーファ。下：ブルジュ・ハリーファの展望台から眺めるドバイ高層ビル群（ともに筆者撮影）

イスラームにおける神様と人間

こうしたイスラーム世界の経済成長の一翼を担っているのが、この本で紹介するイスラーム経済です。イスラーム経済の話に入る前に、そもそもイスラームはどんな宗教なのかについて説明することにしましょう。

皆さんにとって一番疑問に思うのは、ムスリムはなぜあれほど神様の存在を信じているのだろうという点かもしれません。イスラームでは神様のことをアッラーと呼びますが、ムスリムは常にアッラーを畏れ、アッラーに従い、アッラーに感謝して毎日の生活を送っています。

イスラームでは、アッラーの教えがアラビア語によって人々に下されたと考えるため、アラビア語は聖なる言葉として、母語であるかに関係なく全世界のムスリムによって敬われ、日常会話でも広く用いられています。アッラーはそうした会話の節々に顔を出します。

例えば、次の三つのフレーズは、ムスリムたちが頻繁《ひんぱん》に使うもので、いずれもアッラーという言葉が含まれています。

インシャー・アッラー

マーシャー・アッラー

アルハムドゥ・リッラー

一つめの「インシャー・アッラー」は、直訳すると「アッラーがお望みになるなら」という意味です。例えば、エジプトの首都カイロでタクシーを捕まえて「ピラミッドに行ってくれませんか？」と聞くと、運転手さんはこのフレーズを発してピラミッドまで連れて行ってくれるでしょう。ニュアンスとしては、「いいですよ！」とか「ＯＫ！」くらいの感覚ですが、その裏には、「アッラーがお望みになるならピラミッドに無事着くことができるかもしれないけど、お望みにならないなら道に迷って着けないかもしれませんよ！」という意味が込められています。

二つめの「マーシャー・アッラー」は、直訳では「アッラーが望まれたこと」という意味です。例えば、「テストで１００点を取りました！」と言うと、このフレーズを使って褒めてくれることがあります。ニュアンスとしては、「それはよかったね！」とか「すごいね！」くらいの感覚ですが、その裏には、「100点を取れたのは、アッラーが望まれたことなんですよ！」という意味が込められています。

最後の「アルハムドゥ・リッラー」は、直訳では「アッラーのご加護によって」という意味です。例えば、ムスリムがたくさん乗っている飛行機が無事に目的地に着陸すると、機内のあちこちからこのフレーズが聞こえてくることがあります。ニュアンスとしては、「やっと着いたー、やれやれ」くらいの感覚ですが、その裏には、「無事に目的地に着いたのはアッラーのおかげなんですよ！」という意味が込められているのです。

ムスリムは、これらのフレーズを使うたびに意識的に、あるいは無意識にアッラーの存在を頭に思い浮かべ、自分の近くに常にアッラーがいらっしゃることを感じ取っているのです。ムスリムにとって、アッラーは自らが生きていくのに近くにいてもらわないと困る大事な人生の伴走者なのです。言うなれば、アッラーは空気のような存在なのでしょう。空気はどこにでもありますが、ないと困るものですね。彼らはそういった感覚で神様のことを捉えているのです。

ところで、日本では年間2～3万人が自ら命を絶っています。自殺の要因はさまざまですが、一つの要因として、自分の失敗の責めを深く負う日本人のメンタリティが挙げられると思います。これに対して、イスラーム世界では自殺は一般的ではありません。私のムスリムの友人に日本人の自殺者の多さについて話をすると、「日本では戦争が起こっているのか？」といつもびっくりされます。

イスラームでは自殺は不信仰の表れとして厳しく咎《とが》められるものであるわけですが、自殺の少なさは今述べたイスラーム特有の神様の捉え方とも関係しているのかもしれません。どういうことかというと、ムスリムは、アッラーのことを常に感じ取って、自分の身の回りに起こったことはすべてアッラーのご意志によるものだと考えています。

このことは、自分の成功をアッラーのおかげだと感謝するのと同時に、失敗もすべてはアッラーのせいだと考えてもよいことを意味しています。電車に乗り遅れたことも、授業に遅刻したことも、テストの点数が悪かったことも、うまくいかなかったことは全部アッラーに責任を押しつけてしまおう。そうすれば自分は責めを深く負う必要はない。もちろん、アッラーへの畏れと感謝を忘れてはいけませんが、こうした点でイスラームはある意味、究極のポジティブシンキングと言ってよいのかもしれません。

そもそも、イスラームというアラビア語の言葉自体が何かに寄りかかるという意味が元になっています。何に寄りかかるのかというのは、もうおわかりのようにアッラーに寄りかかる、つまり、アッラーにすべてを委ねるわけですね。これがイスラームの根本にあるアッラーへの絶対帰依という考え方なのです。

余談ですが、長寿番組の司会をいくつも受け持ってきたタモリさんは、長く続けることのできた秘訣《ひけつ》を「反省しない」ことだと話しています。私はこの考え方がものすごくイスラーム的だと思えてしまいます。さらに、日本語には「おかげさま」という言葉があり、見えない力のご加護に感謝するという仏教の考え方が語源になっているそうですが、すべてを神様のおかげ（せい）にするという考え方は、意外と日本人と共通しているのかもしれません。

なぜイスラームを信仰するのか？

それでは、神様を身近に感じているムスリムは、なぜアッラーの下した教えを守って生きているのでしょうか。それは、あの世での救済を受けるため、すなわち天国に行くためなのです。

イスラームの世界観の中にも天国と地獄が存在しています。私たちのイメージする天国と地獄とだいたい同じようなものだと考えてよいでしょう。ムスリムが天国に行けるか、地獄に落ちるかは、終末と呼ばれるこの世の終わりが来たときに、アッラーが判断をします。これを最後の審判と言います。最後の審判では、裁きを受けるそれぞれの人間が、この世でどんな生き方をしてきたのかを徹底的に調べます。そして、天国に行くに値すると判断された人間だけが救済を受けることになります。

ムスリムは、この最後の審判で救済を受けるために、生きているあいだじゅうアッラーの教えを守って生きているのです。このアッラーの教えが収められているのが、イスラームで最も重要な書物である聖典『クルアーン（コーラン）』です（写真3）。

ムスリムが熱心に『クルアーン』を読みふける姿は、イスラーム世界のいたるところで見ることができますが、それは『クルアーン』に自らの救済のためにどのようにこの世を生きていったらよいかが端的に書かれているからです。ムスリムは、自分のこの世での行いを常に『クルアーン』と照らし合わせながら毎日を生きているのです。その意味で、『クルアーン』は「天国へのパスポート」と言ってよいのかもしれません。

ところで、ムスリムにとって最も大事なアッラーの教えはいつどのように人間に下されたのでしょうか。すでにこの本でもイスラームは7世紀に登場したことをお話ししていますが、まさにこの7世紀にアッラーの教えが人間に下されたのです。イスラームが「登場した」とは、正確には、アッラーの教えが人間に下されたタイミングのことだったのですね。

そして、アッラーの教えを受け取った人間が、イスラームの開祖として知られるムハンマドです。ムハンマドは商人で、マッカを拠点に砂漠を行き来するキャラバン交易に従事していました。そのムハンマドがある日突然、マッカ郊外の洞窟でアッラーの言葉を授かったのです。それは西暦610年のことでした。

最初は何のことかわからなかったムハンマドは、次第に自分がアッラーの教えを人々に伝える役目を負わされた運命にあることを自覚し、熱心な布教活動を進めていきます。神様から言葉を預かって人々に広めることを託された人間は「預言者」と呼ばれますが、

写真3　上：『クルアーン』の最初のページ（開扉章）。下：各国語に「翻訳」された『クルアーン』が並ぶドバイの書店。ただし、『クルアーン』はあくまでもアラビア語版が正本であり、翻訳版は正本の解説本に過ぎない（筆者撮影）

ムハンマドはまさに預言者としてアッラーからイスラームの教えを託された人間だったのです。ムハンマドは、途中でさまざまな困難に直面したものの、632年に亡くなるまでアッラーの教えを受け続け、アラビア半島全域にその教えを浸透させることに成功しました。

実は、ムハンマドの存命中、アッラーの教えはすべて口伝えで人々に伝えられました。ムスリムは、アッラーの教えを一字一句逃すまいと聞いて、それを声に出して覚えることで信仰を深めていったのでした。そのため、イスラーム世界には声に出して誦《よ》む伝統が根付いています。ここで「誦む」とは、何も見ずに内容を正確に発声することを意味しています。

ムハンマドの没後、アッラーの教えは1冊の書物にまとめられました。それが聖典『クルアーン』です。しかし、書物としての『クルアーン』が成立した後も、それを黙って読むのではなく、声に出して誦むことが重視されてきました。

イスラーム世界では、『クルアーン』の章句をすべて覚えて暗誦《あんしょう》できる人は、「ハーフィズ」と呼ばれてとても尊敬されています。イスラーム世界各地のイスラーム学校では、

『クルアーン』の暗誦に励む子どもたちの姿を見ることができます。『クルアーン』読《どく》誦《しょう》の世界コンテストもあるくらいです。ムスリムにとって、誦むことは信仰の根幹をなすものであり、そうした行為を通じてアッラーの教えを自らの身体に染み込ませながら日々の信仰実践に取り組んでいるのです。

イスラーム世界における誦む伝統は、現在でも根強く残っています。そのことを痛感したのは、私が現地調査で訪れたエジプトのカイロ大学でのできごとでした。私の研究分野の第一人者である先生に会うために研究室を訪れたときに、まず驚いたのは研究室にほとんど本がなかったことでした。倒れるほどの本に囲まれていないと気が済まない私にとって、がらんと薄緑色の壁に囲まれているだけの研究室を見て、この先生はどうやって研究をしているのだろうかと疑問に思ったのでした。

その後、私はその先生に自分の研究トピックに関する参考文献を尋ねました。先生は、迷うことなく本の名前と何ページに私の知りたいことが書かれているかを教えてくれました。後日、その情報を頼りにカイロ大学の図書館で本を調べると、先生の教えてくれたページに私の知りたいことがぴったり書いてあったのでした。つまり、その先生は本を使わないで研究をしているのではなく、読んだ本はすべて覚えているからあえて手元に置く必要がなかったのです。まさに「誦む伝統」を体現した存在だったのですね。

イスラームにおける自分と他人

さて、ムスリムになるということは、これまでお話ししてきたイスラームの世界観と自らの使命を受け入れることを意味しています。つまり、アッラーという唯一無二の絶対的な存在がいて、その教えが預言者ムハンマドを通じて人間に伝えられたという世界観と、あの世での救済をめざしてその教えを守ってこの世を生きていくという使命です。

ムスリムの最も重要な信仰行為（五つあることからこれを「五行」と言います）の一つとして「信仰告白」がありますが、それは、そうした世界観と自らの使命を受け入れることをアッラーとの契約を通して宣言することにほかならないのです。

ところで、この契約は、アッラーとそれぞれのムスリムの間で1対1で結ばれるものです。つまり、あの世での救済をめざすことは、それぞれのムスリムの個人目標だということになります。ムスリムは、自分が救われるためにアッラーの教えを守って生きるわけですが、極論すれば、家族や友人を含めた他人の救済には関心がなく、自分さえ救済されればよいということになります。

こう説明すると、皆さんの中には、「ムスリムはみんなで助け合って生きているじゃないか」「ムスリムの連帯はとても強いというのを聞いたことがある」と疑問に思う人がいるかもしれません。たしかに、自分のことだけを考えている、いわゆる利己的な人々の集まりの宗教であれば、ムスリムどうしの助け合いや強い連帯が見られるのは不思議な感じがします。これについては、この本の第5章のイスラーム式の助け合いから見えてくる独自の知恵を考えるところでそのカラクリを説明したいと思います。

アッラーと契約を結んだムスリムは、その教えに従ってこの世を生きていきます。それでは、その教えは人によって違いがあるのでしょうか。王様だから楽に天国に行けるような教えになっているとか、〇〇人だからもっと守ることが多い教えになっているとか。答えは、誰にとっても教えは同じです。イスラームでは、人種や民族、身分、出自、貧富に関係なく、アッラーの前では誰もが平等に扱われるべきだと考えますので、当然、アッラーの教えは誰にとっても同じ内容になっているのです。

こうした平等の考え方が見た目でわかる典型例をいくつか紹介しましょう。一つめは、礼拝です。礼拝は1日5回、決められた時刻にマッカに向かってお祈りをするムスリムの最も重要な五つの信仰行為（五行）の一つです。ムスリムは休日となる金曜日に集団礼拝を行います。それ以外の曜日でもモスクと呼ばれる礼拝所に行ってお祈りをすることがあります。その際、みんなが横一線に並んでお祈りをする姿を見ることができます（実際には、礼拝所であるモスクの広さの関係で複数の列になってしまいますが）。これはアッラーの前での平等を物理的な距離の等しさで表しているものなのです。

二つめの例は、聖地マッカへの巡礼です。この巡礼も五行の一つです。そのため、1年に1回ある巡礼の月には、世界中からマッカにムスリムの巡礼者がやってきます。その数は250万人にのぼり、これはマッカの人口の約5倍です。マッカに巡礼するムスリムは、「イフラーム」と呼ばれる縫い目のない白い布を上下に着ることが義務づけられています。イフラームの着用は、みんなが同じ服装になることで、アッラーの前ではすべての人間が平等であることを示すためなのです。同じ白い服を着たムスリムが一斉にマッカの町中を移動する姿は壮観です。

イスラーム世界はどこにある？

アッラーの前では誰もが平等という考え方は、ムスリム独自の隣人感覚に結びついています。私たちは普段、さまざまなグループに所属して生活を送っています。一番身近なのは、家族や親戚、高校のクラスや部活、町内会といったグループでしょう。さらに、皆さんは、市町村や都道府県、国という規模を大きくしたグループにも所属していますね。

こうしたグループの規模が小さいときは、グループの中にいるほとんどの人とは顔見知りの親しい関係です。例えば、一番小さいグループである家族は、顔や名前だけでなくお互いにどんな人間なのかをよくわかっていますよね。親戚になると、顔はわかるけど名前を思い出せないおじさんなんかがいて、親しい人とそうでもない人の差も出てきます。高校のクラスや部活では、ほとんど人の顔と名前は一致しますが、誰とでも同じくらい親しく付き合うわけではありません。

このようにグループの規模が大きくなるにつれて、同じグループの中にいる人どうしの親しさの差が大きくなっていきます。市町村や都道府県、国のようなグループの規模になれば、顔も名前も知らない、すれ違っても挨拶もしない人がたくさんいるようになります。地球全体を一つのグループ（地球人のグループ）として考えるならば、知らない人が圧倒的多数になってしまいますね。こうした知らない人に対しては、よほどのきっかけがない限り、親しくなったり、思いを寄せたりすることはほとんどありません。

これに対して、世界に約20億人の信徒がいるムスリムのグループはどうでしょうか。これだけの人数がいるわけですから、顔も名前も知らない人が圧倒的多数を占めています。近くに住んでいるムスリムどうしが親しくなるのは当然ですが、私たちのグループと異なるのは、遠くに住んでいたり一度も会ったことがなかったりするムスリムに対しても同じように親しみを感じているところです。

なぜなら、彼らにはイスラームという同じ信仰を共有する仲間意識が強く働いているからです。ムスリムは、世界に散らばる約20億人の仲間全員をお隣りさんとして認識しているのです。お隣りさんというのは近くにいる人のことを指すのが一般的ですが、ムスリムにとってのお隣りさんは、そうした自分との物理的な距離の遠近は関係ないのです。こうした独自の隣人感覚によって作られているムスリムのグループのことを「ウンマ」と呼んでいます。

ところで、この本では、イスラーム世界という言葉をムスリムが多く居住している場所といった漠然とした意味で使ってきました。この意味に沿うならば、イスラーム世界は北アフリカ・中東から南アジア・東南アジアにかけてのムスリムが多数を占める地域を指すことになります。しかし、今説明してきたムスリム独自の隣人感覚を踏まえると、イスラーム世界というのは実は、私たちの感覚では少しとらえがたい地理的概念だということがわかってきます。それは、ムスリムが少数の日本も実はイスラーム世界になりうるということです。どういうことなのでしょうか。

ムスリムは全世界の信徒をお隣りさんだと考えているということは、たとえムスリムが少数の日本に住んでいても、いつも世界中にいるすべてのムスリムと心がつながっていることを意味します。言い換えれば、物理的には遠く離れていても、ムスリムの大きなグループ、つまりウンマに常にどっぷりと入り込んで生活をしているのです。そして、ムスリムと直接会ったときにはいつでも、そうしたウンマに一緒に入っているという仲間意識を改めてお互いに確かめ合うのです。その合い言葉が、「アッサラーム・アライクム」というアラビア語の挨拶です。つまり、この言葉が交わされ、仲間意識を確かめ合う瞬間、その場所はいつでもどこでもイスラーム世界になるのです。

ムスリム独自の隣人感覚にもとづいたこうした伸縮自在なイスラーム世界のあり方は、より柔軟な助け合いも可能にしています。それについては、第5章で詳しくお話しすることにしたいと思います。

文明としてのイスラーム

仏教、ユダヤ教、キリスト教、ヒンドゥー教——世界にはさまざまな宗教があります。日本語では○○教と宗教の名前を呼ぶのが一般的です。すでにお気づきだと思いますが、この本ではイスラームのことを「イスラーム教」とは呼んできませんでした。私があえてそう呼んでこなかったのには、イスラーム特有の事情があるからです。

すでにお話ししてきたように、ムスリムがイスラームを信じるのは、あの世での救済を受けるためでした。その目的を果たすために、ムスリムはアッラーの下した教えを守って日々の生活を送っています。裏を返せば、アッラーの教えはムスリムの日々の生活のあらゆることを網羅していないといけないわけです。そのため、『クルアーン』には、私たちがイメージする信仰行為（お祈りや巡礼など）だけでなく、日々の生活のあらゆることについてのアッラーの教えが収められているのです。

少しだけ『クルアーン』の中をのぞいてみることにしましょう。『クルアーン』の第84章第1〜6節には次のような章句があります。

「天が裂け割れて、アッラーの命令を聞いたときに、人間はアッラーに会うことになるのだ。」

この章句では、この世の終わりにアッラーが人間に対して最後の審判を行うときの様子が描かれています。天が裂け割れるといういかにもこの世の終わりのようなおどろおどろしい描写からは、私たちが思い浮かべる宗教らしさを十分に感じ取ることができるかもしれません。

他方で『クルアーン』の第4章第11節には次のような章句があります。

「アッラーは、あなたの遺産をあなたの子どもや妻にどうやって取り分けるかについて次のようにおっしゃっています。息子と娘には2対1の比率で分けなさい。(続く)」

この章句では、夫の遺産を家族がどのように相続するのかについてのアッラーの指示が書かれています。私たちの社会では、相続に関することは法律で決められているのが常識ですが、イスラームではこうした社会のさまざまなルール(政治、人付き合い、家族、結婚、離婚など)もアッラーによって決められているのです。

このようにイスラームは、私たちのイメージする宗教の域を大幅に超え出ているものなのです。はたして、これを宗教と呼んでよいのでしょうか。むしろ、信仰を核とする一つの文明と言ってもよいのかもしれません。そうした考えから、私はあえてイスラーム教ではなく、イスラームという呼び方をしているのです。そして、文明という観点からイスラームを見ることによって、私たちはたとえその信仰を共有していなくても、イスラームをより身近に感じることができるかもしれないのです。

第2章　つながる信仰と金もうけ

商人フレンドリーな宗教

イスラームは、その登場時から金もうけと深く関わってきました。イスラームのはじまりの地である聖地マッカは、アラビア半島随一の商業都市として繁栄していましたし、アッラーから教えを授かった預言者ムハンマドは、雇い主であり妻でもあったハディージャとともに、砂漠を行くキャラバン交易の商人として活躍していました。ムハンマドから教えを聞いて改宗した人々の多くもマッカで商人として生計を立てていました。

そうした金もうけに従事する人々が理解しやすいようにと配慮したのかわかりませんが、イスラームの教えには金もうけのたとえがふんだんに盛り込まれています。例えば、『クルアーン』の第35章第29節には次のような章句があります。

「アッラーの教えを誦《よ》んで、礼拝をして、喜捨を行うことは、失敗のない商売を願っているのと同じことである。」

この章句では、『クルアーン』の読誦《どくしょう》や礼拝、喜捨といった信仰行為が、必ず成功する儲《もう》けにたとえられています。喜捨は礼拝と同じようにムスリムの最も重要な信仰行為（五行）の一つですが、これについてはこの章の最後に詳しく説明します。

次に『クルアーン』の第57章第11節を見てみましょう。ここでは、アッラーの教えを守ることの御利益《ごりやく》がお金の貸し借りのたとえで語られています。

「アッラーへの貸し付けをした者には、アッラーがそれを倍にして返済し、さらに気前のよい報償を与えるだろう。」

つまり、人々がこの世でアッラーの教えを守ることは、あの世でアッラーが御利益を何倍にもして返してくださることになるお得な行為なのだとこの章句は語っているのです。現代風に言えば、ポイント2倍還元セールのようなものですね。

そもそもイスラームでは、この世での人々の行いは常にアッラーがご覧になっていて、それを家計簿に付けてくださっていると考えます。アッラーの教えを守ったら「黒字」にプラス、守らなければ「赤字」にマイナス、という具合です。そして、この世の終わりが来ると、アッラーは一人一人の家計簿を見ながら、最終的に黒字の人は天国行き、赤字の人は地獄行きを言い渡すのです。これが最後の審判です。これも、現代風に言えば、アッラーがカードリーダーにタッチしてポイントカードの残額を見るといった感じでしょうか。

『クルアーン』では、最後の審判のことを「ヒサーブ」と言います。この言葉はアラビア語で「お会計」という意味です。中東のアラビア語が母語の国のレストランで食後に「ヒサーブ!」と言うと、いくら払うべきなのかをお店の人が教えてくれます。

このようにありとあらゆる教えが、儲けのたとえで語られていることがわかります。当時のアラビア半島の商人にしたら、自分の商売に引きつけて教えを説明してくれるわけですから、さぞかし理解が早かったのではないでしょうか。ムハンマドが布教をしたのはたったの23年間でしたが、その間にアラビア半島一帯にイスラームの教えがまたたくまに広まったのは、こうした商人フレンドリーな教えがあったことによるものだということは間違いないと思います。

金もうけが天国に直結する⁉

それでは、イスラームでは金もうけ自体はどのように考えられているのでしょうか。これについても『クルアーン』の章句をのぞいてみることにしましょう。『クルアーン』の第2章第275節には、

「アッラーは金もうけをお許しになっている。」

とあり、金もうけをすることが信仰行為として直接的に肯定されています。言い換えれば、この世で金もうけをすることが、あの世で天国に行ける可能性を高めるのだとアッラーが言っているのです。

皆さんが思い浮かべる敬虔《けいけん》な信者のイメージは、この世のあらゆる欲望を断って修行

に没頭する姿かもしれません。毎日質素な食事を取りながら、山奥のお寺でひたすら座禅をしたり、滝に打たれたりしながら、ひたすら神に祈る修行者はまさにそのイメージにぴったりです。金もうけに勤《いそ》しむ人は、そんな敬虔な信者とは正反対の人間のすることで、下手をすると神様の罰が当たってしまうと考える人も少なくないでしょう。

禁欲を重んじて金もうけを不信心だとする考え方は、世界にあまたある宗教の多くに共通しています。私たちにとって身近な存在である仏教も、出家をしている修行者が金もうけに関わることは固く禁じられてきましたし、キリスト教の聖書（マルコによる福音書）には、金持ちが天国に行くよりも、ラクダが針の穴を通る方がまだ簡単だという記述があります。

そんな中、イスラームにおける金もうけに対する考え方は斬新です。なぜなら、金もうけ自体が敬虔な信仰行為となるからです。この世で金もうけに勤しむことで、この世でもよい暮らしができて、しかも、あの世でも天国に行けてしまう――信仰と金もうけの両方が満たされる一挙両得の教えがイスラームにはあるのです。

日本では、ものすごくお金を稼いでいる人は、どちらかというと世間から妬まれがちですね。あの人はあこぎな商売をしているからお金持ちになったんだとか、きっと裏で何か悪いことをやっているのかもしれないとか。イスラーム世界では、お金を稼いでいる人に対してそんなふうに思うことはありません。むしろ、お金をいっぱい稼いで天国に行く可能性が高まってうらやましい！　自分もお金を稼いで天国に行きたい！　とあこがれの気持ちで見つめているのです。

お金の話ばかりする人も、日本ではあまり好かれません。私のような大学の教員が、本来の仕事である教育や研究の合間に副業でお金もうけをしていたら、たとえ本業を疎《おろそ》かにしていなくても、大学の先生はそんな副業に勤しんでいないで、もっと教育と研究に集中しなさい、と冷ややかな目で見られることでしょう。これに対して、イスラーム世界では、大学の先生も積極的にお金もうけに乗り出しています。

面白いエピソードとして、私が参加したサウディアラビアで開かれた会議の様子を紹介しましょう。会議の最中は、現地の大学の先生も真面目に研究について議論をしているのですが、いざ休憩時間になると、彼らは、どこそこの油田に投資をしたらものすごく儲かったとか、今あの商売をするとものすごく儲かるらしいとか、お金もうけの話に花を咲かせて盛り上がっていたのです。私にも、一緒に商売をしようとさかんに誘ってくる先生もいて驚いてしまったのですが、彼らの感覚ではそれが普通なのです。つまり、彼らは金もうけは自分たちの信仰の一環なのであり、金もうけを追求することは敬虔なムスリムとして当然の姿だと考えているのですね。

イスラーム的に金もうけをするって何だ？

イスラームでは金もうけ自体が信仰行為なのだということは、今までお話ししてきたとおりですが、どんなふうに金もうけをしても問題がないかというと、そうではありません。日々の生活のあらゆることについてアッラーの教えが決められているように、金もうけのしかたについてもアッラーが望ましい方法を事細かく定めているのです。ムスリムは、その教えに従って、日々、イスラーム的に正しく金もうけをしているのです。

その教えは、次の三つにまとめることができます。一つめは利子の禁止、二つめはギャンブルの禁止、三つめは喜捨の義務です。以下では、イスラーム的に正しく儲けるために必ず守らなくてはならないこれらの教えについてそれぞれ見ていきたいと思います。

利子の禁止

一つめの教えは、利子の禁止です。利子は、お金を借りたときに、借りた額に加えて支払わなくてはならないお金のことです。例えば、1万円借りて、利子が500円だとすると、借り手は1万500円を貸し手に支払うことになります。あるいは、銀行にお金を預けたときに、預けた額に応じてもらうことのできるお金も利子と言います。これは、私たちが銀行にお金を預けるということは、銀行にお金を貸していることになっているからです。

イスラームでは、私たちになじみのあるこの利子が禁止されているのです。先ほど取り上げた『クルアーン』第2章第275節には実は続きがあって、

「アッラーは金もうけをお許しになっているが、利子は禁じられた。」

と書かれているのです。単刀直入に利子を取って金もうけをするのはだめだとアッラーが述べていますね。

『クルアーン』には、利子を禁止する章句がほかにもあり、第3章第130節では、

「信仰する者たちよ、倍にも何倍にもなる利子をむさぼってはならない。」

とあり、貸したお金に利子を付けて返すことを禁止するだけでなく、支払いが期日までに間に合わなかった場合に払うことになる追加的な利子（延滞利息と言います）も禁止することが明確に述べられています。

それでは、利子を取ってお金を貸すとどうなるのでしょうか。それについても、アッラーはきちんと述べています。先ほどの第2章第275節の章句の別の場所では、

「利子を取る者は、悪魔に取り憑《つ》かれた者がようやく起き上がるようにしか起き上がることができない。」

と書かれており、利子を取ってお金を貸すと恐ろしいことになるとアッラーが警告して

います。同じような警告は、第4章第161節にも書かれています。

「禁じられた利子を取り、不正に他人の財産をむさぼった者には、痛ましい懲罰を準備している。」

これだけ警告されたら、利子を取るのはやめておこうかなと考えてしまいますね。利子を取った場合に、天国に行ける可能性がどうなるかについても、アッラーはきちんと決めています。第30章第39節には、

「利子を付けて人にお金を貸しても、アッラーのもとでは何も増えない。」

と書かれています。「何も増えない」とは、天国に行ける可能性が増えないという意味です。さらに、第2章第276節では、

「人々が利子を付けてお金を貸したときには、アッラーはその恩恵を消し去る。」

と述べられており、ムスリムがアッラーの教えに従って貯《た》めてきた「黒字」をなくしてしまうぞ、つまり、最後の審判で地獄行きになってしまうぞ、と利子を取る人の悲しい末路をアッラーは予告しているのです。

なぜ利子が禁止されるのか？

このように『クルアーン』でたびたび言及されている利子は、なぜ禁止されているのでしょうか。その答えは、利子がどのように生みだされるのかを考えるとわかってきます。

利子は、お金を借りたときに、借りた額に加えて支払わなくてはならないお金のことでした。利子の額は、借りたお金の何割という形で決まっています。その割合を利子率と言います。先ほどの例（1万円借りて、500円の利子が付く場合）ですと、利子率は5％（1万分の500）ということになります。

この利子はどんなことがあっても支払わなければなりません。お金を借りるときに貸し手とそのように約束するからです。もし、借りたお金を使って何か商売をして、その商売が成功して儲けが出た場合は、利子を付けてお金を返すのは難しくありません。逆に、商売が失敗して借りたお金すらなくなってしまった場合は大変です。借りたお金と利子をどうにかして工面してこなければならないからです。お金をもう一度借りてそれを返済に回すか、返済を少し待ってもらうように貸し手にお願いするか。後者の場合は、延滞利息と言ってさらに利子を支払う必要が出てきて借り手の負担は増えてしまいます。

そうした借り手の事情は、貸し手にとっては関係ありません。貸したお金を使って借り手がどれだけ儲けようが損失を出そうが、貸し手はあらかじめ決めた返済日に貸したお金と利子がきちんと支払われるのを待つだけなのです。言うなれば、貸し手は自ら働いてお金を稼ぐのではなく、座したままお金を貸して、お金が返ってくるときに利子という儲けを手に入れているのです。こうした働かずして手に入れる儲けのことを「不労所得」と言います。

イスラームは、こうした不労所得をとても嫌います。なぜなら、一生懸命働いてお金を儲けた人がいる一方で、働かなくてもお金を手に入れることができる人がいるのは不公平だからです。お金を儲けるためには、みんなが汗水流して働くべきだと考えるのがイスラームの教えなのです。こうした考え方があるためにイスラームでは利子を取ることが禁止されているのです。

ところで、利子は経済の潤滑油、という言葉を聞いたことがある人もいるかもしれません。潤滑油とは、機械の歯車どうしがスムースに回転しあうように付ける油のことです。利子はそうした潤滑油のように、お金を持っている人とお金を必要とする人を結びつける役割を持っていて、それによって経済が発展することができるのです。具体的にはどういうことなのでしょうか。

利子がない状況を考えみましょう。もし利子がなかったら、お金を貸したことによる儲けはゼロになります。そうであれば誰もお金を貸そうとは思いませんね。利子という見返りがあるからこそ、貸し手はお金を貸し出す動機が生まれるからです。利子という見返りがあってお金を貸す人が出てくれば、よい商売のアイデアがあるのに手元にお金がない人にお金がわたっていきます。その結果、商売がさかんになって経済が発展し、社会が豊かになっていくのです。利子にはこのような良い側面もあるのです。

その一方で、利子は人々の生活を苦しめる存在にもなります。お金を必要としている人は商売をしたいと思っている人だけではありません。働くところがなくてお給料がもらえなかったり、家族が病気で診察や薬のために多くのお金が必要だったりする人もお金を借りることになります。こうした人たちは、もともとお金を持っていなかったり、お金が手に入る当てがなかったりするわけですから、返済日にお金を返すことはそう簡単なことではありません。でもお金を借りないと生活ができなかったり病気も治らなかったりするので、やむなくお金を借りるのです。

返済日にお金を返せない場合は、さらにお金を借りることになります。そうして本来の目的のためではなく、お金を返すためにさらにお金を借りるという負のサイクルから抜け出せなくなってしまい、雪だるま式に借りているお金が増えてしまいます。結果として、借り手は日々のお金に困る状態、つまり、貧困から抜け出せなくなってしまうのです。

他方、お金の貸し手には、働かずして利子が入る状態が続きます。それによって、貸し手はさらに豊かになっていきます。こうした豊かな人と貧しい人の間に差が出てくることを経済格差と言います。利子は、こうした経済格差を生みだし、その状態を固定化するおそれのある存在でもあるのです。

実は、イスラームが登場した西暦7世紀のアラビア半島の商業都市マッカは、こうした利子によって生じた経済格差が深刻な社会問題になっていました。イスラームは、経済の潤滑油という利子の良い側面があることを認めつつも、そうした経済格差の解消と社会の安定を最優先に考え、利子を禁止するにいたったのでした。

こうした利子と経済格差の問題は、今の世界経済でも深刻な問題になっています。今、説明したイスラームにおける利子の禁止の理由と歴史は、そうした問題を抱える私たちに大きなヒントを与えてくれることでしょう。このことについては、この本の第5章であらためてお話しすることにしましょう。

ギャンブルの禁止

イスラーム的に正しく儲けるために守らなければならない二つめの教えは、ギャンブルの禁止です。ギャンブルとは、お金や商品などを賭けて勝負をするゲームのことを指します。競馬や競輪、宝くじやパチンコなどは皆さんも聞いたことがあるでしょう。イスラームにおけるギャンブルの禁止は、次の『クルアーン』第2章第219節の章句がもとになっています。

「賭矢は大きな罪であるが、人間のために多少の益もある。しかし、その罪は益よりも大きい。」

この章句で挙げられている「賭矢」は、イスラームが登場した西暦7世紀のアラビア半島で流行していたくじ引きゲームのことです。戦いで使う矢の先に大きさの違う肉を付けて、それを布で隠した状態でみんなが一斉に引くもので、運が良ければ大きい肉が手に入る一方で、肉のないハズレを引く可能性もありました。

イスラームでは、人間の努力ではなく、人間が関与できない運不運によって結果が変わり、人々の間で不公平が生じることは好ましくないと考えます。ギャンブルはまさにそうした運不運によって、人々が手にする儲けが変わってしまうため問題とされたのでした。

運不運によって結果が変わってしまうのはギャンブルだけではありません。商売でもさまざまな運不運によって儲けが左右されてしまうことがあります。例えば、イスラームでは、羊を取引する場合、まだ生まれてもいない子羊を売買することはできません。なぜなら、どんな体格の子羊が生まれてどれだけの価値が出てくるかは、実際に生まれてみないとわかりませんから、生まれる前に「こんな子羊が生まれてくるかもしれない」という勝手な予想にもとづいて値段を決めてしまうことは、結果として売り手か買い手のどちらかを損させてしまうからです。同じ理由で、釣る前の魚や捕まえる前の鳥の売買もできません。

私たちの生活により身近な例としては、保険があります。保険は、事前に予想することのできない不慮の事態（事故や自然災害、病気など）に備えて、あらかじめお金を少しずつ払っておいて、そうした事態が起こったら保険金というお金を受け取るしくみです。皆さんも、遠足や修学旅行に出かけるときに、旅行保険に入ることがあるかもしれませんし、大人になれば損害保険や生命保険などさまざまな保険商品に触れる機会が多くなると思います。

こうした保険が想定している不慮の事態は、おわかりのとおり人間が関与できない運不運によって起こります。そして、いつ誰にそうした事態が起こるかによって、人々が受け取るお金（保険金）の金額が変わってきてしまいます。そのため、イスラームでは保険に入ることが禁止されているのです。

第1章でお話ししたように、イスラームでは、人間はすべてをアッラーにゆだねてこの世を生きている存在です。したがって、身の回りにこれから起こることも、すべてアッラーの思《おぼ》し召《め》しの結果なのです。そうしたアッラーの思し召しによってもたらされた未来のできごとを金もうけのネタにすることは、アッラーにしかわからない未来のできごとを掛け値なしに受け入れる信徒の姿勢とは相反するものです。ギャンブルの禁止は、アッラーによって創造されたこの世界のあり方を人間が自由に変えることができるという人間の驕《おご》りに対する警鐘でもあるのです。

喜捨の義務

イスラーム的に正しく儲けるために守らなければならない三つめの教えは、喜捨の義務です。喜捨とは、書いて字のごとく「自分の財産を喜んで捨てる」という意味で、ムスリムの最も重要な五つの信仰行為（五行）の一つでもあります。『クルアーン』第2章第43節には、

「礼拝のつとめを守り、喜捨をしなさい。」

とあり、同じく五行の一つである礼拝とともにムスリムの義務であることが記されています。喜捨をすることで、天国に行ける可能性が高まることも『クルアーン』に述べられています。

「喜捨をしたときには、アッラーはその恩恵を増やしてくださる。」

この章句は第2章第276節のものですが、この文の直前には、利子の禁止のところで見た

「人々が利子を付けてお金を貸したときには、アッラーはその恩恵を消し去る。」

という文が書かれています。利子と喜捨が対比的に並べられていることで、どちらがすべきことで、どちらがすべきでないことかが明確にわかるようになっているのです。ちなみに、喜捨はアラビア語で「ザカート」と呼びます。この本ではできるだけ専門用語を使わないでわかりやすく説明することを心がけていますが、ザカートはイスラーム世界で広く使われている言葉ですのでぜひ覚えておくとよいでしょう。

喜捨は、1年間に稼いだ儲けに応じて、決められた量をアッラーに納めるものです。どれだけ納めるのかについても、アッラーは明朗に決めていて、農産物は収穫量の10%、お金については1年間に儲けた額の2・5%、家畜についてはさらに細かく決まっていて、例えば、牛は30頭につき1歳牛1頭、羊は40頭につき1頭となっています。

これらの品々は、アッラーに代わって喜捨を管理する人々のところに集められます。一番身近なのは、礼拝する場所であるモスクです。また、喜捨を専門に集める組織もあります。

喜捨をいつどこに納めるかは、それぞれのムスリムが自由に決めることができます。もちろん、いくら納めるべきかの計算もムスリムが自分で行わないといけません。イスラームは、第1章でお話ししたようにアッラーとそれぞれの人間が1対1で向き合う宗教ですが、すべてを自己責任で行う喜捨は、こうしたアッラーと人間の関係がよくわかる信仰行為と言えるでしょう。

さて、ムスリムから集められた品々は、アッラーの指示した人々に分配されます。その分配先の指示は、『クルアーン』第9章第60節に記されています。

「喜捨は、貧者、困窮者、喜捨を管理する者、イスラームに改宗した者、奴隷解放のため、負債を抱えている者、アッラーの道のために努力する者、旅人のためのものである。」

こうした喜捨のプロセスからは、アッラーを介して人から人へとお金を受け渡す役割があることがわかります。特に、豊かな人から貧しい人へお金を再分配する機能は、今も昔も喜捨の重要な役割として、ムスリムの日々の生活を支えているのです。

この世のものは誰のものか?

喜捨の義務の背景にあるのは、この世のあらゆるものはアッラーが創造したものであり、人間はそうしたものを一時的に使わせてもらっているに過ぎないという独自の考え方です。この考え方に従えば、商売もアッラーからものを使わせてもらうことではじめて成り立つのであり、その感謝のしるし(もしくは借り賃)として儲けの一部をアッラーに返すのは当然と言えるでしょう。

私たちの社会では、身の回りにあるすべてのものについて、これは私のもの、それはあなたのものといったように、誰が何を持っているのかを決め、自分が持っているものについては他人に干渉されることなく使う権利を有していると考えます。この権利を所有権と言います。

これに対して、イスラームでは、すべてのものはアッラーが所有権を持っているわけですから、人間はたとえお金を出してものを買ったとしても、それは、かりそめの所有に過ぎません。自分の努力で稼いだお金も完全に自分だけのものではなく、喜捨でアッラーにお返しする分はもちろんのこと、それ以外の分も究極的にはアッラーのものであることを意味しています。

ですから、イスラームでは、たとえ自分で稼いだお金であっても懐にしまっておくのは好ましいことではなく、常にアッラーの思し召しに適《かな》った活用が求められています。つまり、お金をどんどん使って、経済活動を活発にすることが望ましいことなのです。こうした考え方は、この章の最初にお話しした金もうけをすることが信仰行為そのものであるというアッラーの教えとも通底しています。

以上で見てきたイスラーム独自の考え方は、近年、深刻化する地球環境問題の観点から新たな脚光を浴び始めています。地球環境問題の根本には、自分が持っているものは好き勝手に使ってもよいという近代文明が育んできた所有権の考え方があります。それによって、他人の迷惑や地球全体のことを省みずに、自分の儲けを最優先に開発が行われ、結果として世界各地の自然環境が損なわれてしまいました。

　そうした状況の中、自分の所有権が必ずしも絶対ではなく、常にアッラーが創造したこの世全体の調和を念頭に置くべきだとするイスラームの考え方が、自然環境の破壊的な利用に歯止めをかける役割を果たすのではないかという期待が高まってきています。

もちろん、先ほど説明したように、お金をどんどん使って経済活動を活発にすべきだという考え方も、同じ考え方から出てきているわけですので、経済活動と環境問題をイスラームがどうバランスを取るべきなのかについては、まだ議論が進んでいる最中です。しかし、私たちに重くのしかかっている地球環境問題の解決に一つの貴重なアイデアを提供してくれていることは間違いないと私は考えています。

第3章　無利子銀行の挑戦

利子のない銀行は可能なのか？

利子を取ることが禁止されているイスラームでは、私たちが使っている利子のある銀行を使うことができません。しかし、アッラーから推奨されている商売で金もうけをするためには、当然、お金が必要で、手元にお金がない人は誰かから借りてくる必要があります。また、現代では人々の生活にとって銀行はなくてはならない存在です。利子の禁止というアッラーの教えを守りながら、お金を借りられる銀行を作ることは可能なのか。ムスリムたちは、さまざまなアイデアを出し合いながら無利子銀行という新しい銀行づくりに着手したのでした。

最初に思いついたのは一番手っ取り早い方法です。ずばり、利子を付けずにお金の貸し借りを行うやり方です。つまり、1万円を貸して、返済期限が来たらその1万円を返してもらうやり方です。これなら利子の禁止の教えを破ることは決してありません。

しかし、このやり方では銀行は儲《もう》けを手に入れることができません。儲けがないとどうなってしまうでしょうか。銀行には、そこで働いている銀行員の人たちがいて、その人たちにはお給料を払わなくてはなりません。また、仕事で使うパソコンや文房具を買うお金、それに光熱費も必要です。私たちが使っている銀行では、こうしたお金（必要経費と言います）は、借り手が支払う利子、すなわち銀行の儲けからまかなっています。利子を付けずにお金を貸した場合、儲けが1円も銀行に入ってこなくなってしまいますから、これらの必要経費を工面することができなくなり、銀行の営業を続けていくことが難しくなってしまうのです。

ムスリム商人の経験に学ぶ

ムスリムたちは、利子の禁止を守りながら、利子に代わる儲けがきちんと手に入るようなやり方がないだろうかと模索を始めました。ここでも、信仰と金もうけが密接に関わっていますね。彼らが注目したのは、近代以前のイスラーム世界で使われていた商売のやり方でした。当時は、ムスリムの商人が世界をまたにかけて活躍していた時代です。

そうした商人の活躍によって、イスラームが世界各地に広まっていったことはすでにお話ししましたが、彼らは、地中海やインド洋、そしてサハラ砂漠の彼方《かなた》にある珍しい産品を仕入れ、それらを市場で売ることで、巨万の富を手に入れ、それがイスラーム世界に繁栄をもたらしたのでした。

そうしたムスリム商人が使ったのが、「ムダーラバ」という商売の方法です。以下ではそのしくみについて説明していきましょう。

ムダーラバには、二つのタイプの商人が登場します。1人は、お金をたくさん持っていて、いろんな知り合いを持っている商人です。この商人を商人Aと呼んでおきます。商人Aは、例えば、エジプトに住んでいることにしましょう。もう1人は、手元にあるお金は少ないけれど、商売と航海の経験が豊富でどんな産品をどこから仕入れたら儲けが増えるのかをよく知っている商人です。こちらは商人Bと呼んでおきます。商人Bは、インド洋を渡ってエジプトとインドの間を頻繁《ひんぱん》に行き来していて、商人Aとも知り合いを通じてつながっているということにしておきましょう。こうした二つの異なるタイプの商人が協力し合って商売をするのがムダーラバの特徴です。

ムダーラバの商売の進め方は次の通りです（図2）。まず、商人Aは、自分の知り合いのつながりを使って、ある方面への航海が得意そうな商人を探し出してきます。例えば、インドの何か珍しい産品を使ってひと儲けしたいから、インドに頻繁に行ったことのある商人に儲かりそうなものを仕入れて売ってきてもらおうといった感じです。そうして商人Aは、商人Bを見つけ出してきます。

次に、商人Aは、商人Bにお金を貸します。このお金をどう使うか、つまり、インドまで行ってどんな産品を仕入れて、どこで売って儲けを出すかは、商人Bにすべて任せます。商人Aはインドの産品に関する詳しい知識がないからです。商人Bは、商人Aから渡されたお金を持ってインドに行き、エジプトで高く売れそうな産品（例えば、珍しい香辛料）を買い付けます。その後、商人Bは、再び船に揺られてエジプトに戻って、この香辛料を市場で売ります。

こうした商売の結果、儲けを出すことに成功したら、商人Aと商人Bはあらかじめ決められた割合（例えば、半々とか4：6とか）でその儲けを分け合います。もちろん、商人Bは最初に借りたお金も商人Aに返します。

図2　ムダーラバのしくみ

逆に、儲けが出なかったときはどうなるのでしょうか。例えば、商人Bが商人Aから借りたお金を使って香辛料を仕入れたところまではよかったけれど、帰りの船が難破してしまい、香辛料はおろかお金も全部海に消えていってしまった場合です。あるいは、無事にエジプトに戻ってきたけれど、いざ市場に出してみたら仕入れた香辛料がまったく不人気で全然売れないことも考えられます。こうして商人Bが返せるお金がなくなってしまった場合、ムダーラバのしくみでは、借りたお金を商人Aに返さなくてもよいのです。借りたお金はどんなことがあっても返さないといけないと教えられている私たちからすればちょっとびっくりしてしまいますね。

なぜ、商人Bは商人Aにお金を返さなくてもよいのでしょうか。私たちの常識からすれば、天気を読んで難破しないように船を出すことや、市場で人気があって売れそうな産品を仕入れることは、お金を借りて実際に商売を行う商人Bの責任です。それだから、私たちは、借りたお金はどんなことがあっても返さないといけないと考えるのです。

これに対して、ムダーラバでは、商売の責任は商人Bだけが負うのではありません。お金を貸した商人Aも、商人Bがどのような商売をするのかについての責任を負う必要があるのです。それは、お金を貸す相手を探し出すところから始まります。商人Aはただ漠然とインドに詳しそうな人にお金を貸すのではなく、その人の商売がどれだけうまいのか、航海技術はたしかなものを持っているのかなど事細かに調べて、この人なら高い可能性で儲けを出してくれるだろうと決めた相手にお金を貸すのです。

さらに、商人Aの仕事は、商人Bにお金を貸して終わりではありません。商人Bが航海や仕入れをしている間、商人Aは商人Bが真面目に商売に取り組んでいるか、リスクの高い航海に挑もうとしていないかなど、商人Bの行動を入念に観察します。当時はメールやSNSがありませんから、商人Aの知り合いの口コミ・ネットワークを活用するわけですね。

もし、儲けが出ないかもしれないと判断した場合には、商人Aは商人Bのやり方に口を出します。もちろん、インドでの実際の商売のノウハウは商人Bの方が持っているわけですので、一方的に口を出すというよりも、どうやったらもっと儲けが出るのかについて2人でいろいろと相談するわけです。このように商人Aは、ただお金を貸すのではなく、責任を商人Bと一緒に背負って商売を進めていくのです。ですから、万一、儲けが出なかった場合は、商人Aもその責任を負わなくてはなりません。それが、貸したお金の返済を求めないという責任の取り方なのです。

このようにムダーラバのしくみでは、貸し手は単にお金を貸して、お金が返ってくるのを座して待つのではなく、あたかもパートナーのように借り手と商売をともに行う存在なのです。貸し手にとっては、お金が返ってこないのは困るという理由だけでなく、商売がうまくいけばいくほど、自分の手元に入ってくる儲けも増えるしくみになっているわけですから、積極的に口出しをする動機が生まれるわけですね。

この本の第2章で利子がなぜ禁止されるのかについて見たときに、イスラームでは働かずして手に入れる儲け、すなわち、不労所得は好ましくないと考えられていることをお話ししました。ムダーラバでは、貸し手も今見てきたように商売のパートナーとしてきちんと働いており、それがお金を貸したことの対価として商売の儲けをイスラーム的に問題なく受け取ることのできる根拠になっているのです。

ここが、お金が返ってくるのを座して待つ利子のある貸し借りと大きく違うところで、それゆえ、ムダーラバがアッラーの教えに適《かな》ったお金の貸し借りのやり方だと考えられているのです。利子のない銀行を作ろうと考えたムスリムたちは、貸し手がアッラーの教えに反することなく儲けを手に入れられるしくみが使えるかもしれないと考えて、ムダーラバを銀行に応用することを思いついたのです。

無利子銀行のしくみ

それでは、ムダーラバがどのように利子のない銀行に応用されているのかを見てみることにしましょう。まず、銀行が会社などにお金を貸し出す場合を考えてみます。銀行は商売をしたいと考えている会社にお金を貸します。会社はそのお金を使って商売を行い、儲けが出たらあらかじめ決めた割合で銀行とその儲けを分け合います。先ほどのムスリム商人の例における商人Aが銀行、商人Bが会社ということがわかりますね。

次に、私たちが銀行にお金を預け入れる場合を考えてみます。私たちは銀行に行ってお金を預けます。銀行はそれを使って商売を行います。そして、儲けが出たらあらかじめ決めた割合で銀行とその儲けを分け合います。ここでは、商人Aが私たち預金者、商人Bが銀行ということになります。

ところで、私たち預金者が受け取る銀行の儲けは、どこから来たものなのでしょうか。銀行の主な商売はお金を貸し出すことですから、先ほど説明したばかりの会社とのムダーラバで銀行が受け取った儲けから来ていることは一目瞭然です。

図3を見てください。私たちが銀行にお金を預け入れるムダーラバと銀行が会社にお金を貸し出すムダーラバは、入れ子状に組み合わさっていることがわかります。つまり、預け入れのムダーラバは、貸し出しのムダーラバがあるからこそ成り立っているとともに、貸し出しのムダーラバは、預け入れのムダーラバによって私たち預金者から銀行にお金が提供されることによって成り立っているのです。

なぜこのような複雑な構造になっているのでしょうか。お金を貸す人と借りる人をもっとシンプルに結びつけたいのであれば、私たち預金者と会社を直接つなげばよいと思いませんか。つまり、預金者が会社にお金を貸して、会社の商売の儲けを会社と預金者で分け合うというやり方です。その場合、銀行はその間に入る仲介者として、預金者と会社のマッチングに専念することになります。

しかし、このやり方には一つ大きな問題があります。会社が儲けを出すことに失敗し

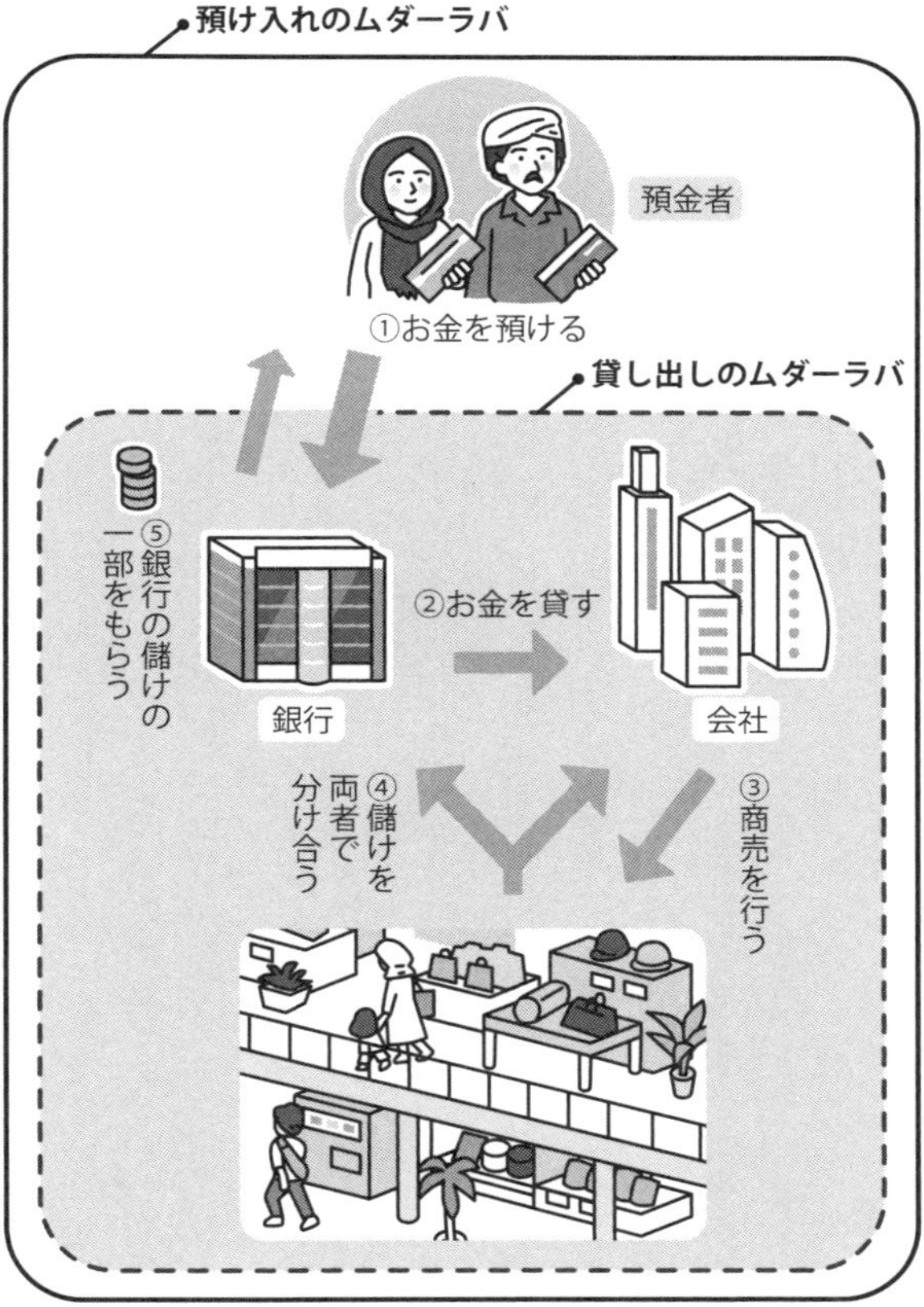

図3　ムダーラバを応用した無利子銀行のしくみ

て、お金を返せなくなった場合です。ムダーラバのしくみでは、借り手は返すお金がなくなってしまってもお金を返さなくてもよいことになっています。このことは、私たちが貸したお金がまったく戻ってこなくなる可能性があるということを意味しています。

これは私たちにとっては非常に困ることですね。私たちが銀行を使う一番の目的は、自分のお金を安全な場所で預かってもらうことです。銀行にお金を預けることでひと儲けしてやろうと考えている人はそれほど多くないはずです。しかし、預金者と会社を直接つなぐこのやり方では、自分のお金を安全に預かってもらいたいという私たちの目的が損なわれてしまう可能性が出てきます。それでは銀行にお金を預ける意味がありません。

それでは、二つのムダーラバが入れ子状になっている図3のしくみはどうでしょうか。図3では、預金者が1人、会社も1社しか書かれていませんが、実際には無数の預金者が銀行にお金を預け入れ、銀行はそうしたいろいろな人からの預金をいったん一つにまとめた上で、さまざまな会社や個人にお金を貸し出しています。

仮に、銀行が貸し出している会社のいくつかが商売に失敗してお金を返せなくなったとしましょう。その場合、それらの貸し出し自体では銀行は大きな損を出すことになります。しかし、銀行がほかに貸し出している会社の多くが儲けをきちんと出して、銀行がその儲けの一部を受け取ることができれば、それによって損が埋め合わされて銀行の貸し出し全体では黒字になるかもしれません。

預金者は、銀行の貸し出し全体という商売についてお金を提供していることになっていますので、銀行の貸し出し全体で黒字になっている限り、預金者が預けたお金は確実に返ってくることになります。もしかして、銀行がいい加減な仕事をして貸し出し全体が赤字になる可能性も排除できませんが、そうした可能性は、一つの会社が儲けを出すのに失敗する確率よりも明らかに低いでしょう。

このように、二つのムダーラバを入れ子状に結びつけることによって、自分のお金を安全に預かってもらいたいという預金者の目的を満たすことができるのです。もちろん、その場合でも銀行が儲けを出しそうな会社に貸し出しを行っているかを預金者もチェックして、万一のときは、預金を引き出して他の銀行に預け直す必要があります。ムダーラバからの儲けの根拠が貸し手もきちんと働くことにあるのは、ここでも同じなのです。

ちなみに、二つのムダーラバを入れ子状に結びつける無利子銀行のしくみは、銀行にとってもメリットがあります。それは、預金者から預かったお金をいったん一つにまとめることで、どこの会社にどれだけのお金を貸し出すかを銀行の判断で自由に決めることができるようになる点です。この会社は儲けがたくさん出そうだからもっと貸し出しをしようとか、あの会社の商売にはたくさんのお金が必要だから貸し出すお金をもっと増やそうとかいった具合です。預金者と会社を直接つなげるやり方では、銀行は預金者から預かったお金をそのまま会社に貸し出すことしかできませんが、二つのムダーラバを結びつけることで、必要なところに必要なだけお金を貸し出すという本来の銀行の役割を無利子銀行も果たすことができるようになっているのです。

無利子銀行のはじまり

無利子銀行の構想は、1940年代にまでさかのぼります。最初にイスラームの教えにのっとった無利子銀行を作る必要性を説いたのが、マウドゥーディー（1903～79）という人です。マウドゥーディーは、南アジアで最も影響力のあったイスラーム学

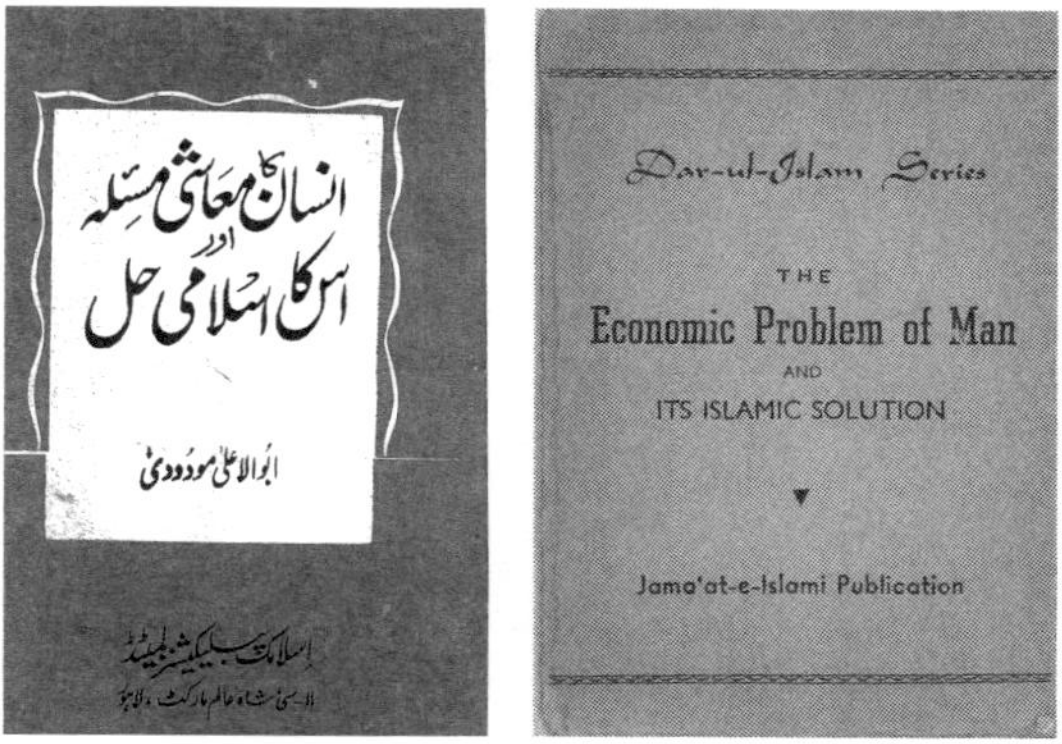

写真4　マウドゥーディーの講演を収めた本『人類が直面する経済問題とそのイスラーム的解決策』（左がウルドゥー語版、右が英訳版。ウルドゥー語版はシカゴ大学所蔵のものを筆者複写、英訳版は筆者所蔵）

者の1人で、当時イギリスの植民地だったパキスタンの独立にも大きな役割を果たした人物でした。

　マウドゥーディーは、1941年に今のインドの北西部の町アリーガルにある大学で行われた講演会で、ヨーロッパ諸国がもたらした利子を取る金貸しによって、貧しいムスリムが苦しい生活を余儀なくされていることを憂い、イスラームの教えにもう一度立ち返って利子のない社会の実現を訴えたのでした（写真4）。

　このマウドゥーディーの訴えをきっかけにして、イスラーム世界の多くの人々が無利子銀行の実現に向けて走り始めたのでした。そして、1960年代にはマレーシアとエジプトで、今の無利子銀行につながる先駆的な取り組みが始まりました。

　マレーシアで作られたのは、聖地マッカへ巡礼する人のための新しい銀行です。この本の第1章でお話ししたようにマッカへ巡礼することは、ムスリムの最も重要な五つの信仰行為（五行）のうちの一つで、ムスリムであれば一生に一度はぜひマッカへ行ってみたいと考えています。しかし、日々の生活で手一杯のお金に余裕のないムスリムにとっては、マッカへの巡礼は遠い夢物語に過ぎません。

　そこで、マレーシアでは、巡礼に出かけるためのお金を毎月少しずつ貯《た》めるための新しい銀行が作られたのです。この銀行は、人々からお金を預かるだけでなく、その貸し出しも行ってお金を増やして、預金者が少しでも早くマッカへ行けるように手助けをします。ここで使われるしくみは、もちろんあのムダーラバです。こうしてイスラームの教えを守りながらお金を増やして、義務であるマッカ巡礼を実現する道を多くの人々に開いたのでした。タブン・ハッジの名前で知られるこの銀行は、現在でもマレーシアの多くのムスリムの巡礼の夢を叶《かな》え続けています（写真5）。

写真5　マレーシアの首都クアラルンプールにあるタブン・ハッジの本社（筆者撮影）

エジプトでは、世界一の長さを誇るナイル川下流の農村地帯で無利子銀行が作られました。銀行名は作られた町の名前を取ってミートガムル銀行と言います。この銀行を作ったのは、アフマド・ナッジャール（1932〜96）というエジプト人経済学者です。ナッジャールは、ドイツに留学し、そこで学んだ銀行のしくみが農民の生活水準の向上に役立つことを知り、農民のための銀行を母国に作ることを思いつきました（写真6）。

しかし、信心深いムスリムが多いエジプトの農村では、利子を取る銀行はまったく見向きもされませんでした。そこで、ムダーラバのしくみを使った無利子銀行を作ったところ、農民たちが次々と銀行に訪れてきたのでした。ナッジャールはこの経験を生かして、次にお話しする中東諸国での本格的な無利子銀行の設立に奔走することになります。

無利子銀行の発展

無利子銀行の設立が本格化するのは1970年代です。この時期には、イスラーム世界の各地で、イスラームの教えにもとづいた政治や経済、社会のしくみをもう一度作り直そうという機運が高まっていました。そうした中で、利子を取らない銀行を作ろうと

写真6　ナッジャールの銀行を引き継いで今も営業を続けるナーセル社会銀行（エジプト・カイロ、筆者撮影）

いう動きも活発になっていきました。

ちょうどそのときに、第四次中東戦争をきっかけにオイルショックという石油の値段が急上昇するできごとが起こりました。日々の経済活動を行うために石油が欠かせない先進国では、石油の値段が上がったことでとても困ったことになりました。日本でもこのできごとをきっかけに高度経済成長と呼ばれる急速な経済成長が終わったと言われています。

反対に、石油を世界中に輸出していた中東のペルシャ湾に面した国々には、オイルマネーと呼ばれる膨大な儲けが入ってきました。ムスリムたちは、その儲けをうまく活用して無利子銀行を作ることを画策したのです。

最初の本格的な無利子銀行は、アラブ首長国連邦のドバイに登場しました。ドバイ・イスラーム銀行と呼ばれるこの銀行は、地元の信心深いムスリム商人がオイルマネーで手にした儲けを出し合って作られたのです（写真7）。

ところで、イスラーム世界に住むムスリムにとって、ヨーロッパ諸国からもたらされた銀行のイメージはあまりよくありませんでした。なぜなら、銀行は利子というイスラームが禁じた悪いものを取るところだからです。そうした悪いイメージを持つ信心深いムスリムが銀行を使うことはほとんどありませんでした。

それでは、彼らはどのように自分の財産を守っていたのでしょうか。その方法の一つは、自分の財産を貴金属に代えるというやり方です。特に、金《きん》は中東で古くからさまざまな場面で売買され、広く使われてきました。今でも中東の大都市には、必ずゴールド・スークと呼ばれる金を売買する市場（アラビア語で市場のことをスークと言います）があり、熱心に品定めをする人々を見かけることができます（写真8）。

ドバイ・イスラーム銀行ができると、こうした銀行嫌いの信心深いムスリムが大挙し

写真7　ドバイ・イスラーム銀行本店（筆者撮影）

写真8　ドバイの旧市街にあるゴールド・スークの一角（筆者撮影）

て自分の「タンス預金」を預けに銀行にやってきたのです。その光景は今でも語り継がれているそうです。そして、ドバイ・イスラーム銀行の成功を受けて、近隣の国々も次々と無利子銀行を作っていったのでした。その際、無利子銀行のノウハウを新しい銀行に伝えたのが、あのエジプトで先駆的な無利子銀行を作ったアフマド・ナッジャールでした。ナッジャールは、無利子銀行で作る国際組織の事務局長も務め、無利子銀行の普及に尽力しました。

1980年代に入ると無利子銀行は中東以外の地域でも作られるようになっていきます。その立役者は、サウディアラビアのサーリフ・カーミル（1941〜2020）です（写真9）。カーミルは、銀行、商業、貿易、農業、工業、医療など多岐にわたる業種を束ねる巨大企業グループを一代で築き上げた企業家でした。

カーミルは、自分の母親から「銀行の利子はイスラームの教えに反しているのではないのか？」と問いかけられたことをきっかけに、無利子銀行を作り、それを世界に広めていくことを決意します。カーミルは、アルバラカ銀行の名前で中東だけでなく、アフリカ、南アジア、そしてヨーロッパにも無利子銀行を次々と作っていったのでした。

写真9　無利子銀行に関する国際会議で挨拶するサーリフ・カーミル（2008年4月）。

1990年代には、東南アジアで無利子銀行が急速に広まっていきます。その動きを牽引《けんいん》したのがマレーシアです。マレーシアでは、マハティール（1925〜）が1981年から首相の座について、国の発展のためのさまざまな政策を推し進めていました。日本の経済成長に学ぶために導入されたルックイースト政策は聞いたことがあるかもしれません。

そのマハティールが1991年に発表した「ビジョン2020」は、2020年までにマレーシアが先進国の仲間入りをすることをめざす野心的な経済戦略でした。ここで興味深いのは、マハティー

写真10　経済と宗教の融合をめざすマレーシアの成長戦略を象徴する首都クアラルンプールにそびえるペトロナスツインタワー（1996年の完成時高さ世界一）とモスク（筆者撮影）

ルが単に欧米諸国の経済成長を後追いしてマレーシアが先進国に入るとは考えていなかった点です。

マハティールは、ヨーロッパが生み出した資本主義の問題点を十分に理解しており、経済成長を成し遂げて先進国の仲間入りを果たしたとしても、欧米諸国の抱える問題も同時にマレーシアに持ち込まれては意味がないと考えたのでした。そこで、マハティールはイスラームの教えにのっとった発展をめざすと「ビジョン２０２０」で宣言したのです。そして、無利子銀行にその牽引役を担わせたのでした（写真10）。

写真11　無利子銀行に参入したマレーシアの銀行（いずれも左が有利子銀行用、右が無利子銀行用入口。筆者撮影）

マレーシアでは、新しく無利子銀行も作られましたが、それに加えて、従来からあった国内の銀行に無利子銀行のサービスを提供することを政府が認めました。その結果、多くの銀行が無利子銀行に参入してくるようになりました。マレーシアの街角を歩くと、さまざまな銀行が目に入ってきますが、よく見てみると多くの銀行には二つの入口があるのに気がつきます。片方は利子を取る銀行用、もう片方は無利子銀行用の入口です(写真11)。お客は自分の好みに応じてどちらのサービスを受けるかを決めることができるようになっているのです。

マレーシアは多民族国家で、人口の6割がムスリム、3割が中華系、1割がインド系です。ムスリムが無利子銀行を使うのは当然ですが、イスラームを信仰していない中華系やインド系にも積極的に無利子銀行を使う人々がいるそうです。その理由は、便利に使えるからとか、貸し出し条件がよいからとかさまざまですが、宗教の違いを超えて無利子銀行が愛用される光景を見ることのできるマレーシアは、資本主義とは異なる新しい未来をムスリムと非ムスリムが手を携えて模索する近未来の地球社会の共存共栄のあり方を先取っているようにも思えてなりません。

日常化する無利子銀行

21世紀に入っても無利子銀行は順調に発展を続け、中東とマレーシアを二大拠点にして、世界各地に広がっていきました。無利子銀行のサービスが提供されている国は50か国以上、６００以上の銀行にのぼります。無利子銀行が作られたころは、そんな銀行はうまくいくはずがない！　と冷ややかな視線を送っていた欧米の銀行も相次いで無利子銀行に参入してきています（写真12）。

写真12　無利子銀行に参入した欧米の銀行（上はHSBC、下はスタンダード・チャータード。筆者撮影）

この本の最初でもお話ししたように、２００８年の世界金融危機をきっかけにその注目度はますます高まってきています。日本の銀行の中にも中東や東南アジアで無利子銀行のサービスを提供する銀行も出てきているくらいです。

イスラーム世界では、無利子銀行が人々のくらしの一コマとして深く浸透するようになってきています。街中を歩けば、そこかしこに置かれた無利子銀行のＡＴＭに人々が行列を作ったり、無利子銀行の広告をまとったバスや電車が走ったりする姿を頻繁に目にすることができます（写真13）。

図4は、各国の金貸し全体に占める無利子銀行の割合を示したものですが、サウディアラビアやブルネイ、クウェートは半分以上が無利子銀行による貸し出しとなっています。マレーシアやカタル、バングラデシュ、ジブチ、アラブ首長国連邦、パキスタンでも5分の1以上が無利子銀行による貸し出しです。１９７０年代に本格的な銀行がドバイに初めて登場してから半世紀の間に、無利子銀行は物珍しい存在ではなく、あって当然、いや、なくてはならない存在として人々の生活を支えているのです。

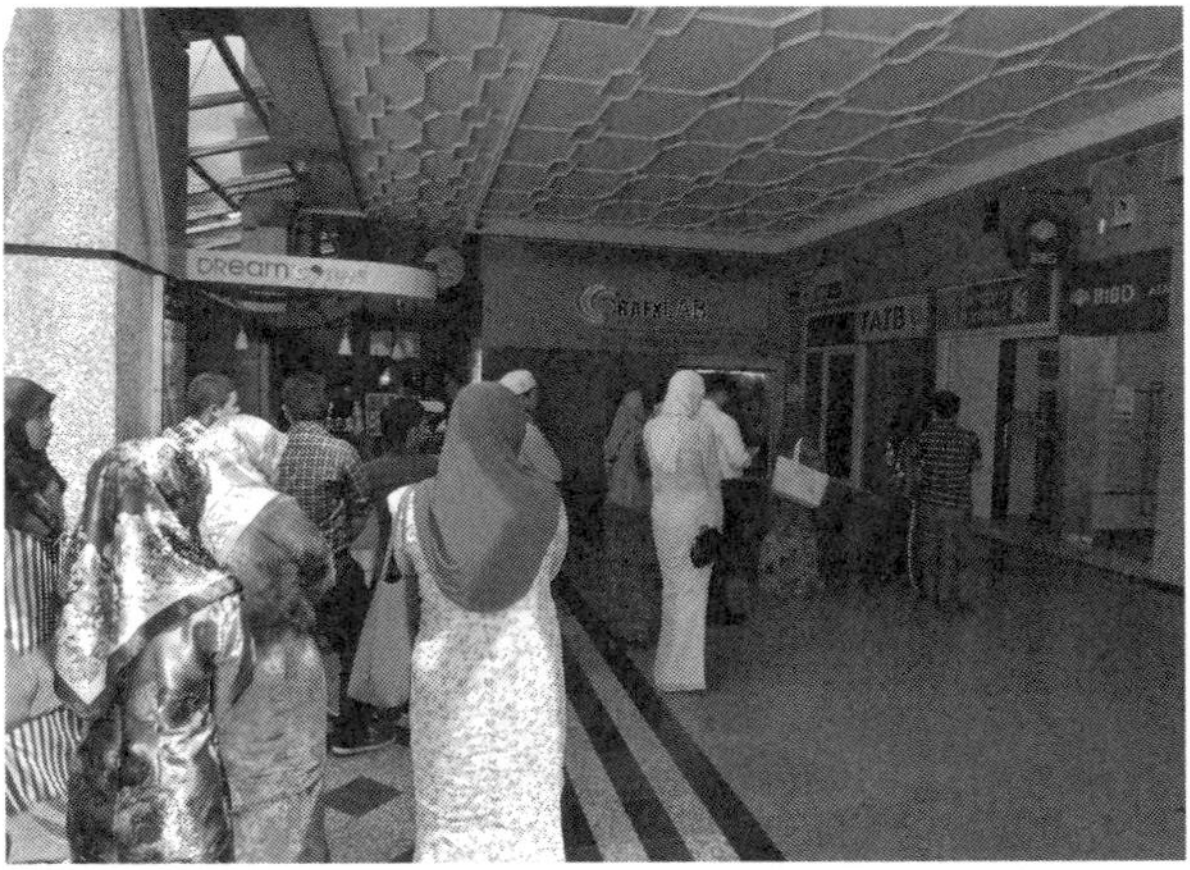

写真13　日常化する無利子銀行。上：ATMに並ぶ人々（ブルネイの首都バンダルスリブガワン）、下：無利子の住宅ローンの広告をまとった路面電車（トルコ・イスタンブル、ともに筆者撮影）

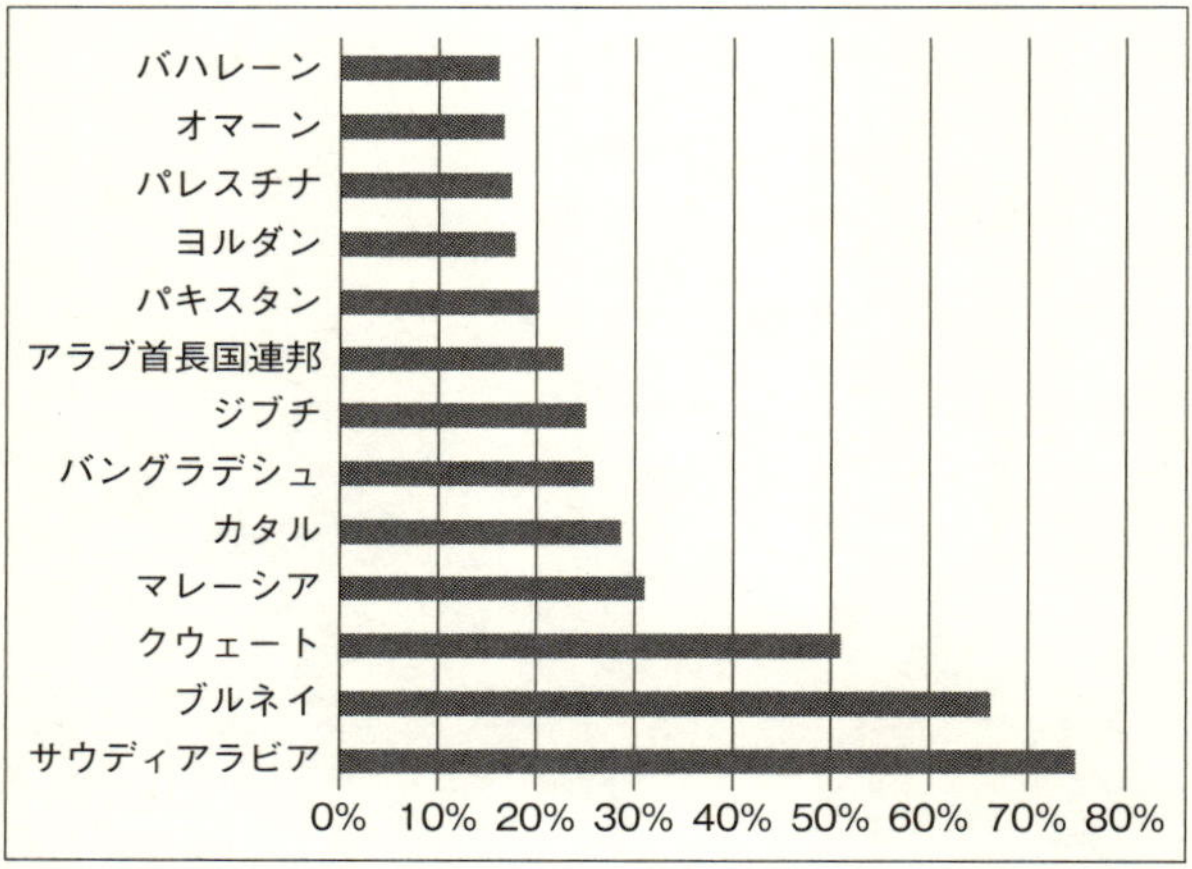

図4　無利子銀行が貸し出し全体に占める割合（Islamic Financial Services Board *Islamic Financial Services Industry Stability Report 2023*のデータにもとづき筆者作成）

第4章　伝統と革新のイスラーム式助け合い

満ちあふれる思いやりの精神

イスラーム世界を旅していていつも痛感するのは、社会のすみずみまで思いやりの精神に満ちあふれていることです。電車やバスに乗れば、お年寄りや子どもに若者が席を譲るのは当たり前ですし（私も40代半ばにして、ついにイスラーム世界で席を譲られるようになってしまいました）、同世代の男性が女性に席を譲る姿も見かけたことがあります。

中東のバスターミナルでは、子どもと女性用の乗車口が分けられていて、まず子どもと女性が乗車してから男性がバスに乗り込むのが暗黙の了解として人々に共有されています。普段はバス停でもきちんと停《と》まってくれず、一緒にバスと並走しながら乗車しなければならないエジプトの首都カイロの路線バスも、お年寄りや子どもを見かければ乗り込むまで気長に停まって待ってくれます。

日本でも女性専用車両を設ける鉄道会社が出てきていますが、イスラーム世界ではそれよりも早くから女性専用車両や女性・子ども専用ゾーン（バスであれば車両前方）が設けられています（写真14）。ドバイでは、2007年から女性専用タクシー（通称ピンクタクシー、家族なら同乗可能）も走っていて、ドバイに行ったことのある人は空港で見かけたり、実際に乗ったことがあったりするかもしれません。

街角に目を向ければ、喜捨を呼びかける人々がそこかしこに立っていて、通りかかる人々が次々にお金を投じる姿を見かけることができます。呼びかける人もただ喜捨をしてほしいと立っているだけでなく、路上ライブをして自らの歌声を響かせながらとか、屋台の店先に箱を置いて飲食のついでに喜捨をしてもらおうとかさまざまに工夫をしています（写真15）。

さらに、ひとたび災害が起これば、困っている人々を助けようと多くの人々が立ち上がって喜捨が集められ、またたく間に支援の手が広がっていきます。2011年に東日本大震災が発生したときも、日本国内に住む多くのムスリムが、海外に住む友人知人を巻き込んで支援物資を手配し、東北へ足繁《あししげ》く訪れる姿が各地で見られました。

イスラームでは、1年のうち、日の出から日の入りまで飲食を断たなければならない

写真14　インドネシアの首都ジャカルタを走る通勤電車（日本の中古車両）の1両目に付いている女性専用車両（筆者撮影）

月があります。この断食行為はその月の名前を取って「ラマダーン」と呼ばれ、ムスリムの最も重要な信仰行為（五行）の一つとなっています。日の出から日の入りまで何も食べたり飲んだりしてはいけないので、私たちからすればできればやりたくないと思うかもしれませんが、ムスリムにとってはこのラマダーンの月は、むしろお祭りのようなもので多くの人々がこの月がやってくるのを楽しみにしています。

断食の月は、ムスリムにとって、食べ物や家族の大切さを見つめ直し、それらを与えてくれたアッラーに感謝をささげる機会になっています。しかし、断食の役割はそれだけではありません。この月には他人のためによいことをすることが推奨されていて、多くのムスリムは積極的に喜捨に勤《いそ》しみます。例えば、日没後に食べる「イフタール」と呼ばれる夕食では、お金に余裕のある人々が近所に住む貧しい人々を招いてともに食卓を囲みます。日没後の街角には、いたるところでそうした即席の食卓ができあがり、思いやりにあふれる光景を見ることができます。

こうした社会のすみずみまで満ちあふれているイスラームの思いやり精神の背後にあるのは、第2章でお話しした喜捨の義務です。喜捨は、1年間に稼いだ儲《もう》けに応じて、

写真15　マレーシアの首都クアラルンプールの街角での喜捨の風景（筆者撮影）

決められた量をアッラーに納めるものだと説明しましたが、これまでに見てきたムスリムのさまざまな思いやり行為は、そうした喜捨の量をはるかに超えています。そうした義務の喜捨（これを「ザカート」と呼ぶと第2章でお話ししました）の量を超えた喜捨は「サダカ」と呼ばれています。

サダカは、ムスリムが自発的に行う喜捨であるため、何をどれだけアッラーに納めるかは決まっていません。ですから、それぞれのムスリムが自分にあったやり方で喜捨を行うことができます。もちろん、喜捨の行為はアッラーがきちんと見ていて、最後の審判での天国行きの判断材料にしてくれることは言うまでもありません。ムスリムは、自分が天国に行く可能性を高めるためにも、ザカートに加えてサダカを積極的に行おうとするのです。

ちなみに、サダカの考え方は、単にお金やものを納めるだけにとどまりません。電車やバスで席を譲ってあげたり、街中で重い荷物を持ってあげたりするような何気ない思いやりもサダカに含まれるのです。お金はかからないけど、相手が少しだけよい気持ちになるような行為も立派な喜捨になるのです。

日本のマクドナルドには「スマイル0円」というのがメニューにあります。これは、心地よく食事を楽しんでもらうために、いつも笑顔で来店するお客を迎えたいという気持ちからメニューにあえて掲げられているそうですが、この考え方はサダカにとてもよく似ていますね。

イスラーム世界の繁栄を支えたワクフ

イスラームには、ザカートやサダカ以外にも独自の喜捨のしくみがあります。それは「ワクフ」と呼ばれるものです。ワクフは、お金に余裕のある人々が社会のためになる施設、例えば、病院や学校、孤児院などを作って、それを寄付して助けを必要としている人の利用に供するしくみです。

ワクフのしくみの面白いところは、こうした施設の運営に必要なお金（例えば、病院であればお薬代やお医者さんのお給料など。学校であれば先生のお給料や教科書代、給食代など）も、ワクフのしくみの中でまかなうようになっている点です。どういうことなのでしょうか。

実は、喜捨をする人々が病院や学校といった社会のためになる施設を作るときに、儲けを生み出すような商業施設も同時に作ってしまうのです。商業施設の例としては、たくさんの商店が集まる市場《いちば》、今で言えばショッピングモールがわかりやすいでしょう。喜捨をする人々は、市場を作った後、そこで商売をする商人たちに貸し出します。そのとき、賃料もしくは売り上げの一部を同時に建てられた病院や学校のために使うことを商人たちと約束します。その結果、市場から病院や学校にお金が回ることになり、病院や学校の運営に必要なお金をまかなうことができるのです（図5）。

こうしたしくみになっていれば、市場にお客さんがたくさん来るようになって、そこで商売をしている商人たちの儲けが増えると、おのずと病院や学校に回るお金が増えることになります。つまり、経済が発展すればするほど、助けを必要としている人への支援がより充実していくことになります。このようにワクフは、金もうけと助け合いが絶妙に両立する画期的なしくみなのです。

近代以前のイスラーム世界では、このワクフのしくみが広く用いられていました。特に、都市の安定した発展にこのワクフがとても大きな役割を果たしたことが知られてい

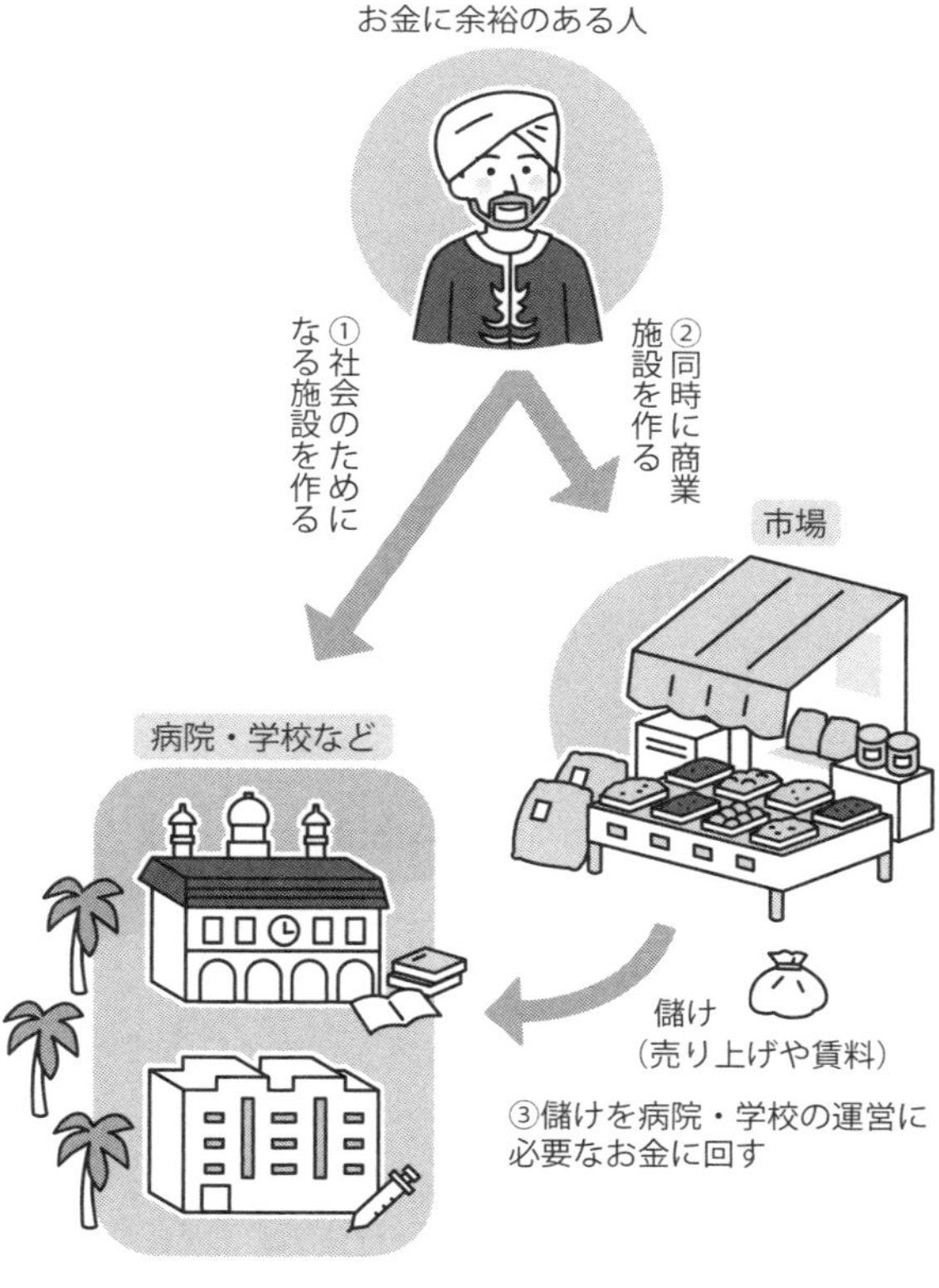
お金に余裕のある人
①社会のためになる施設を作る
②同時に商業施設を作る
市場
病院・学校など
儲け
（売り上げや賃料）
③儲けを病院・学校の運営に必要なお金に回す

図5　ワクフのしくみ

ます（写真16）。都市の核となる市場や病院、学校といった社会のためになる施設はもちろんのこと、道路や橋、井戸など人々の生活に欠かせないインフラストラクチャーと呼ばれる公共施設もワクフによって作られていきました。私たちの社会では、こうしたインフラストラクチャーの整備は政府が担うのが一般的ですが、イスラーム世界では人々の信仰にもとづいた喜捨によって自律的に整備されていったというのは興味深いですね。

連綿と受け継がれる助け合いの伝統

近代になり、イスラーム世界にもヨーロッパ式の国家のしくみが導入されていくと、助けを必要としている人への支援やインフラストラクチャーの整備は政府が担うものと考えられるようになりました。しかし、21世紀の現在にいたるまで、イスラーム世界にある政府のすべてがそうした支援や整備を十分に行ってきたわけではありませんでした。

２０１１年に中東の多くの国々で連鎖的に発生した「アラブの春」という政変があります。この政変は、長らく権力を独占してきた独裁者を民衆たちが追放したできごとで

写真16　上：今も現役のワクフによって15世紀半ばに作られたトルコ・イスタンブルの市場（カパルチャルシュ、通称グランド・バーザール）。下：エジプト・カイロに根付くワクフによって運営されている看護学校（ともに筆者撮影）

した。民衆たちが怒った理由は、独裁者が国の富を独占して甘い汁を吸い続けてきた結果、国民の大半が貧困に苦しんできたからです。そうした国では、政府が作った病院や学校には必要なお金が来ず、まともな医療や教育を受けられなかったり、政府が整備すべき道路や橋も壊れたらそのままで荒れ放題だったりと、政府は人々が日々の最低限の生活を送るのにまったく頼りにならない存在だったのです。

このような状況で助けを必要としている人に支援の手を差し伸べ続けていたのが、ザカート、サダカ、ワクフといったイスラーム式の助け合いのしくみでした。助け合いの多くは、この章の最初に紹介したムスリム個人による草の根的な思いやり行為によるものですが、もっと組織的に助け合いを行おうとする団体も登場してきました。団体の多くは、自分たちの住む地域の抱える問題を解決するとか、貧しい人への食料支援とか、特定の目的を掲げて喜捨を集めて分配することを目的としたもので、イスラームNGOとかムスリムNGOと呼ばれたりします。NGOとは、非政府組織の略称で、さまざまな問題の解決のために人々によって自発的に作られる団体のことを指します。

先ほどお話しした2011年の東日本大震災のときのムスリムによる被災地支援を牽《けん》

引《いん》したのも、そうしたイスラームＮＧＯです。例えば、東京の大塚にあるモスク（マスジド大塚）を運営している日本イスラーム文化センターと呼ばれる団体は、震災発生の翌日には被災地に行き、炊き出しや必要物資の支援を継続的に行いました。この団体は、ほかにも生活困窮者や世界各地の難民への支援も手厚く行っています。

さらに、助けを必要としている人へ支援することだけでなく、もっと根本的に社会のしくみを変えて、誰もが豊かでしあわせに暮らせる社会を作っていこうと考える人々もいます。それがイスラーム主義組織と呼ばれる団体です。イスラーム主義組織は、イスラームの教えにもとづいた政治・経済・社会のしくみをもう一度作り直すことで、ヨーロッパのもたらした資本主義が引き起こすさまざまな問題を解決することをめざして活動を行っています。

そうしたイスラーム的な世直しの機運は、１９７０年代からイスラーム世界の各地で高まり、相次いでイスラーム主義組織が作られました。第３章でお話しした無利子銀行の本格的な登場の時期と重なるわけですが、利子を取らない経済のしくみを作ることも、イスラーム主義組織の目標の一つですから、両者の動きが密接に関わっているのは当然です。

ところで、イスラーム主義組織と聞くと、テロとか暴力とか怖いイメージを持つ人も少なくないと思います。たしかに、イスラーム的な世直しを掲げる人々の中には、そうしたなりふり構わないテロや暴力によって、今ある国のあり方を変えることをめざしている人がいないわけではありません。

しかし、そうした過激な人がいるということは、日本人の中にも犯罪者がごくわずかの割合でいるのと同じように、世界に20億人いるムスリムの中にもそういった人がごくわずかいるという程度の話に過ぎません。そうした人々があたかもイスラーム主義組織を代表するように見えてしまうのは、テロのようなセンセーショナルな事件にだけ焦点を当ててイスラーム世界のことを報じる日本のメディアの問題です。

ほとんどのイスラーム主義組織は、力ずくで自分たちの主張を実現しようとはまったく思っていません。むしろ、イスラームの教えにもとづいた支援活動を続けながら、それに賛同する人々を増やし、さらに支援の結果、自立できる人が増えていくことが、自分たちのめざす社会の実現への近道だと考えているのです。実際、そうしたイスラーム主義組織は、イスラーム世界の各地で人々の強い支持を受けています。

例えば、アラブの春以後の2012年にエジプトで実施された初めての民主的な大統領選挙では、ムスリム同胞団というエジプトで80年以上活動を続けてきたイスラーム主義組織出身のムルスィーという人が当選しています。この選挙結果の背景には、長らく独裁政権が続き、政府による十分な医療や教育、貧しい人への支援がほとんど行われなかった状況で、政府に代わってそうした支援を手厚く行ってきたムスリム同胞団の揺るぎない実績があるのです。

さらに、今、深刻な事態を迎えているパレスチナのガザ戦争の当事者であるハマースは、日本ではイスラーム過激派のレッテルを貼られることが多いのですが、パレスチナ人による国家の樹立という政治的主張を強く掲げる一方で、イスラエルによって差別的にまともな行政サービスを受けてこられなかったパレスチナ人に対してさまざまな手厚い支援を手がけてきたイスラーム主義組織であるという側面も忘れてはならないと思います。

進化するイスラーム式助け合い①ワクフの再生

イスラーム世界で連綿と受け継がれてきた助け合いは、今、驚くべき進化を見せ始めています。この章の最後に、そうしたイスラーム式助け合いの新しい取り組みを紹介したいと思います。

イスラーム世界の繁栄を長らく支えてきたワクフは、近代に入って一つの問題に直面していました。それが、ワクフによって作られた商業施設の老朽化です。市場《いちば》に代表される商業施設は、病院や学校といった社会のためになる施設と同時に作られ、そうした施設の運営の資金源となっていました。その市場が老朽化するとどんな問題が起こるでしょうか。

まず市場に足を運ぶお客さんが少なくなるかもしれません。特に近くに新しい別の市場ができると、新しもの好きなお客さんはそちらに行ってしまいます。そうすると、市場に入っている商店の売り上げが落ちることになります。また、商人も売り上げの低下を嫌って隣の新しい市場に引っ越してしまうかもしれません。その場合、賃料を下げるなどして商人を引き留めることも必要になってくるでしょう。ワクフは、社会のためになる施設と商業施設が密接に連携をすることで成り立っているしくみですから、売り上げや賃料の低下は病院や学校のサービスの低下に直結します。そのため、市場の老朽化は、ワクフのしくみ自体を機能不全に陥れてしまうのです。

それなら市場を改装して、お客さんが再びたくさん来てくれるようにすればいいじゃないかと考える人もいるかもしれません。しかし、ここでワクフにある特別なルールが立ちはだかるのです。それは、一度作ってしまった施設は、お金を出した人々のものではなくなるという点です。つまり、自分の儲けの一部をアッラーに返すザカートと同じように、自分たちがお金を出して作ったものをアッラーに返して、広く人々の利用に供するというのがワクフの考え方なのです。

したがって、市場が老朽化したからといって勝手に人々が改装することは許されません。もちろん、古さを売りにするというのは一つの方法で、写真16のトルコのグランド・バーザールは古きよき時代のイスラーム世界の市場を体験したい多くの観光客で賑《にぎ》わっています。しかし、すべてがそれでうまくいくわけではありませんから、やはり改装をして市場からの儲けを増やす必要があります。21世紀に入るまでは、改装の必要性と改装が許されないルールの間でワクフは板挟みとなり、結果として、なすがままに放置されたワクフがイスラーム世界の各地に残されることになってしまったのでした。

事態が変わったのは21世紀に入ってからです。新しい考え方を持つイスラーム学者たちが、イスラームの教えを再検討して、厳しい条件の下でワクフの改装ができるという解釈を出すようになったのです。それによって、少しずつワクフの改装が進んでいくことになりました。しかも、興味深いのは、ワクフを改装するお金を無利子銀行を通して集めるやり方が考え出されたのです。

その新しいやり方は次のようなものです（図6）。まず、無利子銀行はワクフの改装に賛同してくれる人を探し、お金を預かります。無利子銀行はそのお金を使って老朽化したワクフの商業施設、つまり市場を改装します。改装された市場は活気を取り戻し、再びお客さんがたくさんやってくることで儲けが増えてきます。その儲けをどうするかというと、一部をお金を貸してくれた銀行、預金者に分け、残りを病院や学校といった社会のためになる施設の運営に回すのです。

この本を読んできた皆さんならもうおわかりだと思いますが、このしくみには、儲け

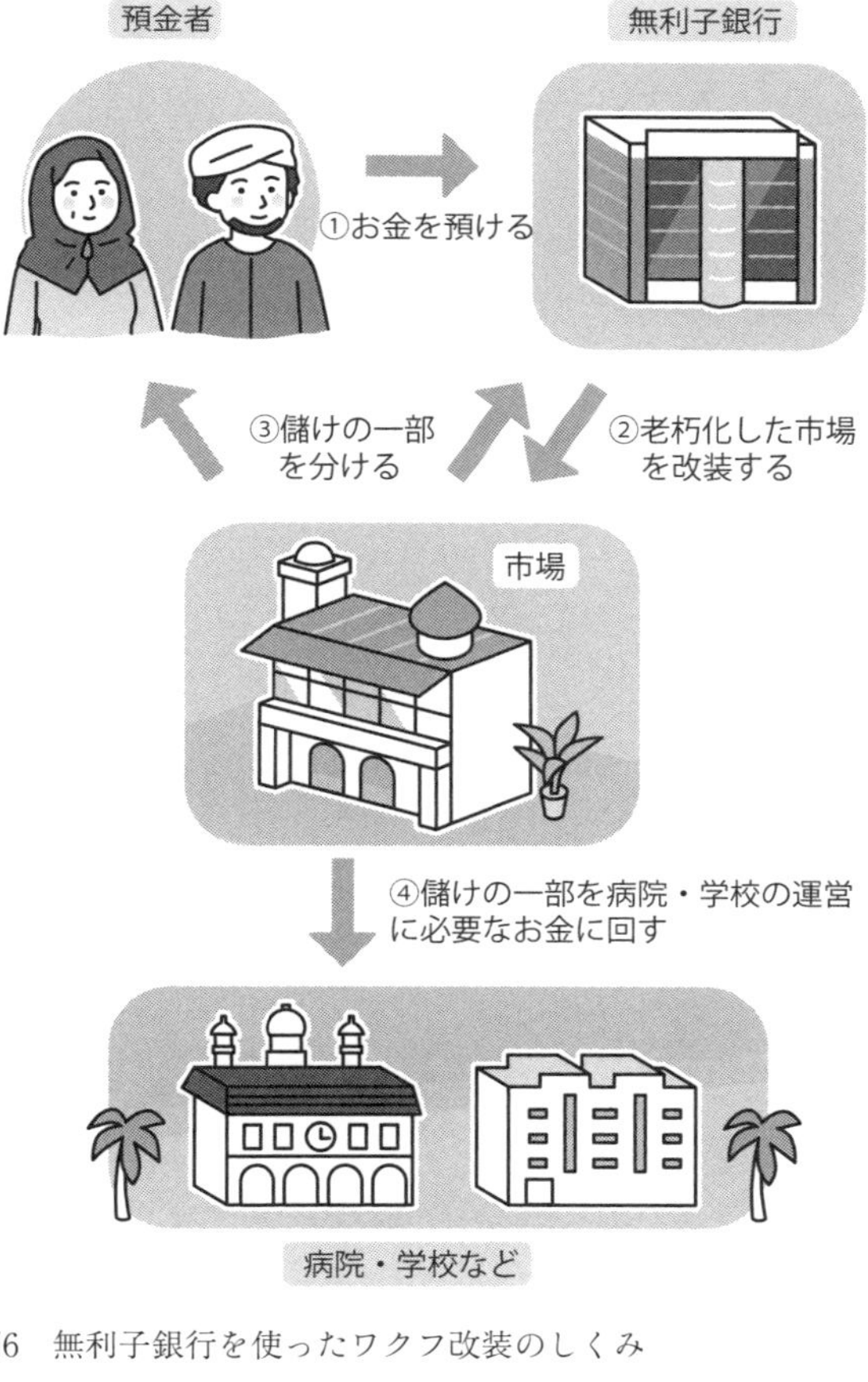

図6　無利子銀行を使ったワクフ改装のしくみ

を分け合うという無利子銀行のムダーラバが組み込まれています。第3章で説明したムダーラバと唯一違うのは、借り手が手にする儲けが病院や学校に回るという点です。それ以外は無利子銀行のムダーラバと同じで、例えば、市場の儲けが増えれば、貸し手である預金者や銀行が手にするお金も増えることになります。

こういうしくみであれば、一般の人々であっても普通に無利子銀行を使うことで、自然とワクフの改装プロジェクトに参加し、ワクフの儲けの回復＝病院や学校の運営の再充実に寄与できるようになっているのです。日常生活を送りながら、結果として助けを必要としている人々への支援に貢献できるという点で、この新しい助け合いのやり方は画期的なものだと言えるでしょう。

ワクフに無利子銀行のしくみを組み込む新しいやり方は、2000年代のシンガポールで初めて用いられました。シンガポールというと中華系の住民が多いイメージを持つかもしれませんが、人口の約15％はムスリムが占めています。また、シンガポールは東南アジアの貿易の拠点として古くから栄えていて、中東からムスリム商人も多くやってきていました。そうしたムスリム商人が多くのワクフをシンガポールで作っていたので

写真17　商店やオフィスが入るビル（右奥）として生まれ変わったシンガポールのワクフ（筆者撮影）

写真18　エジプト、カイロで新たにワクフを用いたコミュニティ支援の取り組みを始めた女性たち（筆者撮影）

す。そして、時間が経《た》ち老朽化したワクフが次々と改装されていったのです（写真17）。今ではシンガポール以外でも無利子銀行と手を組んで老朽化したワクフを改装する動きがイスラーム世界各地に広がっています。さらに、ワクフを新しく作る動きも出てきています（写真18）。金もうけと助け合いが絶妙に両立するしくみであるワクフは、経済成長を犠牲にすることなくイスラーム世界が抱えるさまざまな課題を解決できる画期的なしくみとして、再び脚光を浴びようとしているのです。

進化するイスラーム式助け合い②サイバー空間の活用

イスラーム式助け合いの新たな舞台として今、注目を集めているのがサイバー空間です。サイバー空間とは、インターネットによって接続されたグローバルなネットワークのことです。21世紀に入って、インターネットが社会に普及していったことで、さまざまなことがインターネットを通じてできるようになりました。皆さんもインターネットを使って、自宅や学校にいながら、遠い国のことを調べたり、ショッピングをしたりとサイバー空間を自由自在に渉猟していると思います。

イスラーム式助け合いもこのサイバー空間がなくてはならない存在となっています。例えば、義務の喜捨であるザカートをいくら払うべきかについては、自分で計算しないといけないわけですが、自分の1年間の儲けを入力すると納めるべき喜捨の額がわかるインターネットのホームページが数多く登場してきています（写真19）。

さらに、オンライン決済機能を使って喜捨の支払いを行うこともできるようになっています。そのため、自分の住んでいる地域のモスクや団体に喜捨をするのではなく、遠く離れた場所にある団体に喜捨を払うことが容易になっているのです。

喜捨をどこに払うのかはそれぞれのムスリムが自由に決めることができるわけですから、例えば、パレスチナのガザの人たちを助けたいと思えば、そういう人たちに喜捨を分配している団体をインターネットから探し出して支払うこともできるわけです。

こうしたサイバー空間の利点を最大限活用しているのが国際イスラームＮＧＯです（写真20）。国際イスラームＮＧＯは、もともと国境をまたいで世界各地の助けを必要としているムスリムに支援の手を差し伸べることを目的として作られました。そして、パレスチナ問題はもちろんのこと、中東のシリアやイエメンの内戦によって国を追われた難民、大規模な自然災害で生活の基盤を失った人々など国際社会が連携しないと支援が難しい問題に対して、積極的に取り組んできました。

サイバー空間を使って喜捨を集めることは、こうした国際イスラームNGOの活動にとてもなじむものであり、サイバー空間を活用することによって活動の範囲や規模をさらに拡大させることができるようになっています。

近年では、インターネット上でお金の使い道ごとに寄付を募るクラウドファンディングという新しいオンライン技術を応用して、喜捨を集める団体も現れてきています。その先駆けであるマレーシアのベンチャー企業グローバル・サダカのホームページには、今、世界的な注目を集めているパレスチナのガザの人々の支援だけでなく、アフリカの病院の増床やマレーシア国内の貧しい人への食料支援、視覚障害者に対する『クルアーン』読誦《どくしょう》の介助、インドネシアへの飲料水の提供など多岐にわたるクラウドファンディングが行われています（写真21）。

このようにサイバー空間の発達は、イスラームの思いやり精神をさまざまな形で発揮することを可能にしています。ムスリムは自分の思いやりの気持ちがより効果的に使わ

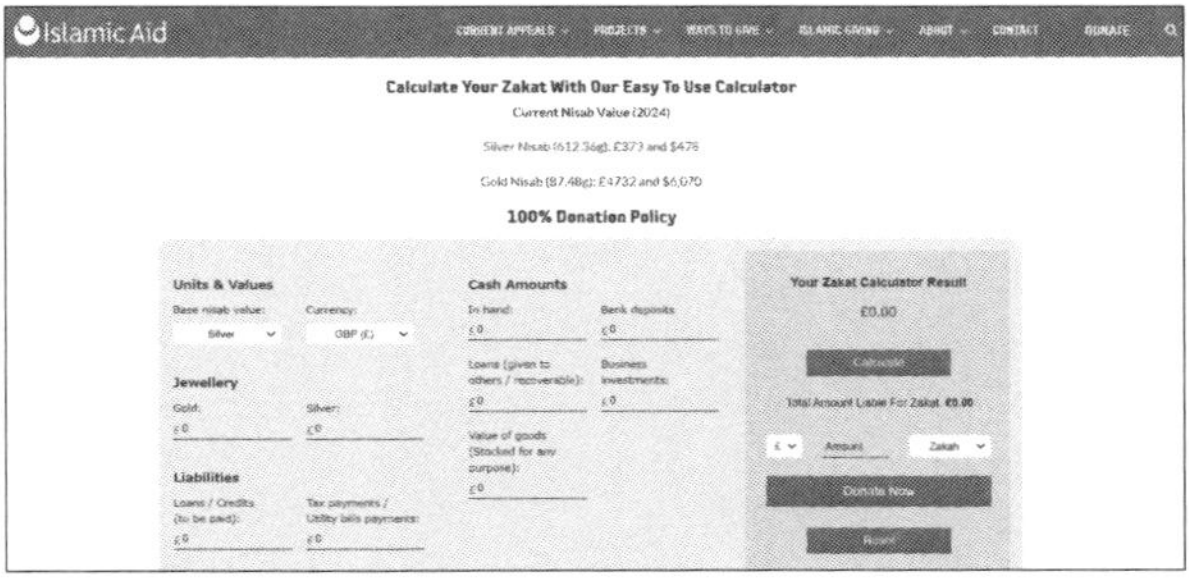

写真19　納めるべき喜捨の額を計算してくれるホームページの例（https://islamicaid.com/islamic-giving/zakat-calculator/）

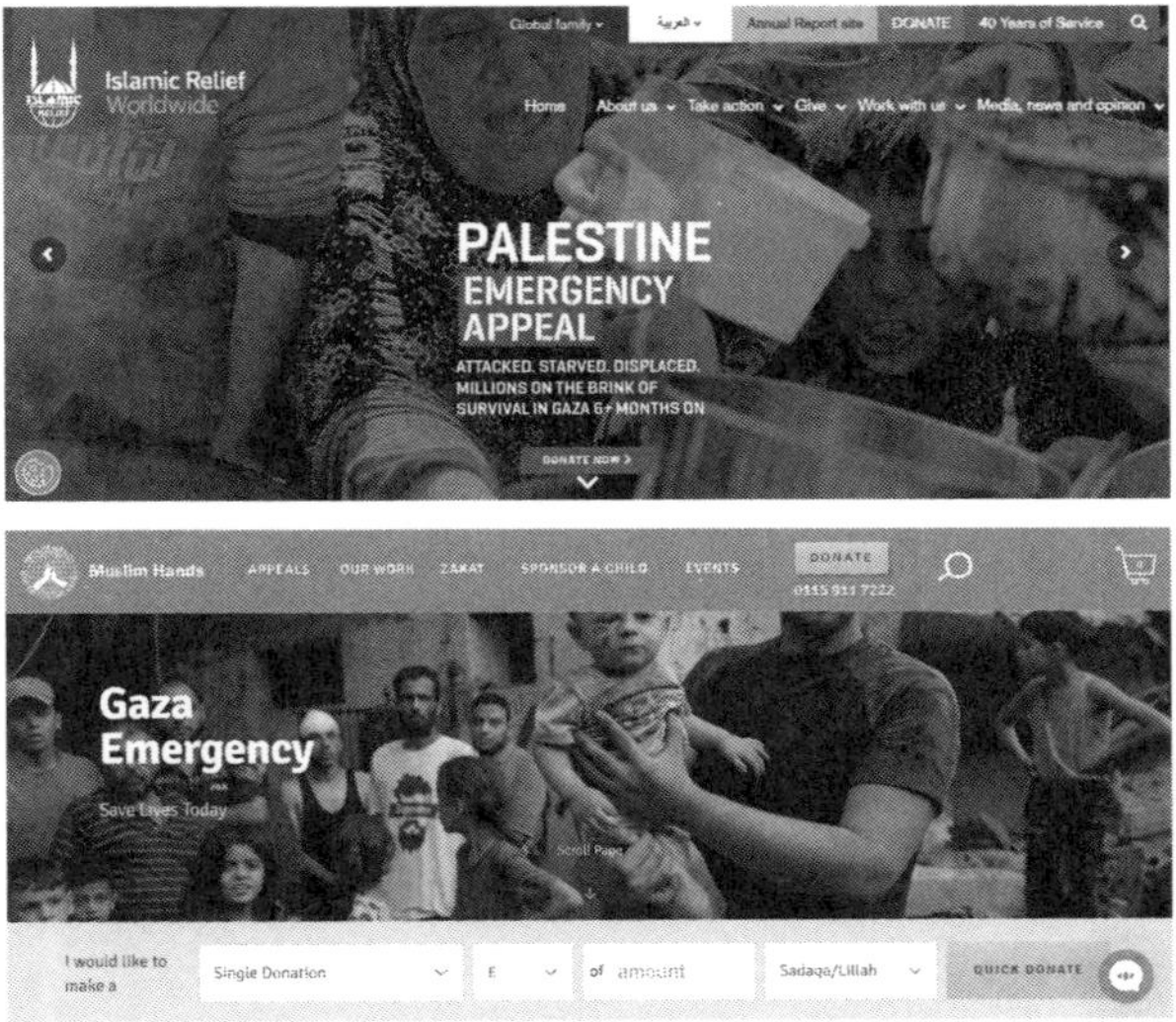

写真20　代表的な国際イスラームNGOのホームページ。上がイスラミック・リリーフ（https://islamic-relief.org/）、下がムスリム・ハンズ（https://muslimhands.org.uk/）。いずれも本部はイギリスに置かれている

れるために、アンテナを張り巡らしているのです。もちろん、日本を含めた国際社会もイスラーム世界が直面する課題に支援の手を差し伸べていますが、ムスリムによる喜捨はそれをはるかに上回る質と量で、助けを必要としている人々に届いていると考えられており、信仰に根ざした喜捨の役割はますます大きくなっていっていると言ってよいでしょう。

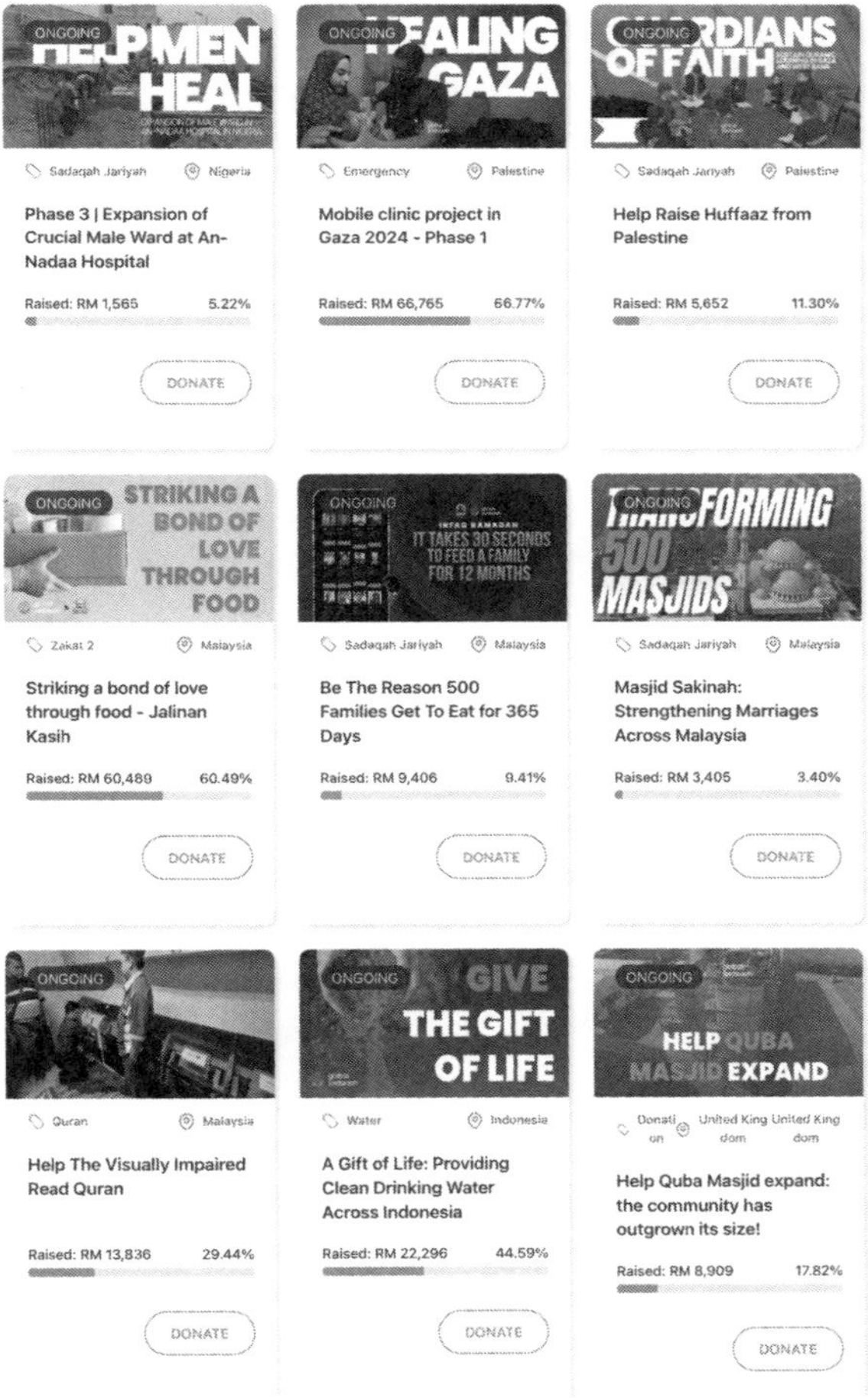

写真21　グローバル・サダカで行われているクラウドファンディングの例（https://globalsadaqah.com/campaigns）

第5章　イスラーム経済の知恵から学ぶ

これまでの章では、イスラーム経済というイスラーム世界で今、急速に発展してきているる経済活動の全容（無利子銀行、助け合い）について、そうした取り組みを支えているイスラームの教えにまでさかのぼってお話をしてきました。最後に、こうしたイスラーム経済の取り組みが、ムスリムでない私たちも含めた地球社会全体の望ましい未来にとって役に立ちそうなどんな知恵を提供してくれそうなのかを考えてみたいと思います。

その前に、まずは資本主義と呼ばれる私たちの経済がどんなしくみで動いていて、どんな問題に直面しているのかを見てみることにしましょう。

資本主義とは何だろうか？

私たちは、今、近代に入ってヨーロッパからもたらされた資本主義という経済のしくみにどっぷりと浸《つ》かって日々の生活を送っています。ところで、そもそも資本主義とはどんなしくみなのでしょうか。

資本主義の一番の特徴は、ひたすらお金もうけを追求することです。もう少し難しい言い方をすれば、持続的な経済成長を追い求めることが資本主義の根幹にある考え方です。どれだけ経済成長をしたのかについては、この本の第1章でも触れたGDP（国内総生産）という指標で計るのが一般的です。

GDPは、それぞれの人が1年間に稼いだお金の額を足し合わせたものです。GDPが大きな国ほど豊かな国ということになります。日本は世界で4番目に大きなGDPを生み出している国（2023年現在）ですから、世界の中でも最も豊かな国の一つだということになります。そして、このGDPが前の年と比べて大きければ、経済成長を達成したということになります。したがって、このGDPの前年比プラスをめざすのが、資本主義のより具体的な目標ということになるわけです。

それでは、資本主義のめざす経済成長を達成するためにはどうしたらよいのでしょうか。そのためには、何よりもまずそれぞれの人がもっとお金を稼げるようになることが必要です。皆さん、あるいは皆さんの家族のほとんどは、お金を稼ぐことで日々の生活を送っていると思います。お金を稼ぐ方法としては、会社に行って働いたり、自分で商売をしたりすることが考えられますが、そうやって働いたり商売をした結果、どうして皆さんはお金をもらうことができるのでしょうか。

お金を稼ぐためには、お金を払ってくれる買い手がいないといけません。皆さんも日々、さまざまな商品を買うときに考えるように、買い手は商品やサービスに価値があると思わなければお金を払うことはありません。ですから、売り手は、買い手が価値を見出《みいだ》してくれるように、自分の提供する商品やサービスが他にないものであることをアピールする必要があります。例えば、この商品は日本で手に入れることが難しいものだとか、他のお店にはない特別な味付けをしているラーメンだとか。会社で働いてお金を稼ぐときも、面接を受けて、他人ではなくこの自分がいかにこの会社に貢献できるかをアピールして採用してもらうわけですね。こうしたアピールの結果、買い手が価値のある商品やサービスだと納得してはじめてお金が支払われ、売り手が儲《もう》けを手に入れることになるわけです。

ところで、こうしたお金もうけのやり方は、ヨーロッパで資本主義が生まれるはるか以前の時代から世界各地で見られました。最も典型的な場所は市場《いちば》です。市場には、さまざまな商品を持った商人がやってきて、人々は慎重に品定めをしながら、ときには商人と丁々発止の値段交渉をしながら商品を買い求めていました。近代以前のイスラーム世界の大都市にも、そうした市場があって都市に活気をもたらしていました（写真22）。

それでは近代のヨーロッパで生まれた資本主義の特徴は何なのでしょうか。それは、あらゆる商品やサービスが市場《しじょう》を通じて売買されるようになった点です。この市場《しじょう》というのは、商人とお客さんが売買する姿を見ることのできる市場《いちば》とは少し違います。どういうことかというと、資本主義の下での市場《しじょう》というのは、一国あるいは世界全体としてその商品がどれだけ作られているか、そしてその商品をどれだけの人が買いたいと思っているかという供給と需要のバランスの中で、その商品はだいたいこの値段くらいだという相場が広い範囲で決まるようなしくみを指しています。

少し抽象的な話でわかりにくいかもしれませんので、りんごの売買を例に考えてみることにしましょう。例えば、近代以前の世界では、市場《いちば》にいる商人とお客さんの間で売買されるりんごの値段は、その商人個人の損得勘定で決まったり、市場《いちば》やその周辺の地

写真22　中世から続くエジプト、カイロの市場（筆者撮影）

域という限られた範囲におけるりんごの相場にもとづいて決まったりします。

他方、資本主義の下では、日本全体のりんごの供給と需要がどのくらいかということまで考えて、りんごの値段が決まり、実際の売買が行われていくのです。要は、世界が全部つながっていて、一つの大きな市場《いちば》が成り立っていると考えるのが、資本主義における市場《しじょう》の考え方なのです。

資本主義の登場によって市場《しじょう》を通じて売買されるようになったのは、これまで市場《いちば》で売買されていた商品やサービスだけではありません。これまで市場《いちば》とは無縁だったものも資本主義の下では市場《しじょう》で売買されるようになっていきました。

例えば、土地は、近代以前は売買が行われることが稀《まれ》でしたが、資本主義の下では、地価と呼ばれる値段が付けられ、不動産市場《ふどうさんしじょう》と呼ばれる市場《しじょう》で売買されるようになりました。

また、人々の仕事についても、近代以前は、原料の生産から商品の製作、販売までのさまざまな仕事を1人で行うことが多かったわけですが、資本主義の下では分業化が進んだことで会社や工場に勤める人が多くなり、そうした人の仕事には時間当たりいくらという価値が決められ、それにもとづいて賃金（お給料）が支払われるようになりました。そうして、私の仕事ぶり（これを労働力と言います）にはいくらの価値がある（だから雇ってほしい）、あなたの労働力はいくらの価値だと考える（だから雇いましょう）というように、賃金を軸に売買が行われるようになっていきました。こうした仕事に関する市場《しじょう》を労働市場《ろうどうしじょう》と呼びます。

このように近代のヨーロッパで生まれた資本主義は、あらゆる商品やサービスを市場で売買することで儲けを次々と生み出すことに成功しました。そして、ヨーロッパは破竹の勢いで経済が成長していったのです。日本も明治維新以降、この資本主義という新しい経済のしくみを導入し、ヨーロッパの背中を懸命に追いかけたことで経済を成長させることに成功したのでした。

飽くなき儲けと成長を求めて

ひたすらお金もうけを追求することを使命とする資本主義にとって、その儲けの幅を大きくするための王道のやり方は、できるだけ安い費用で商品を作ることです。例えば、安い原料を仕入れたり、賃金の安い人を雇ったりすることで、費用を抑えることができます。そうして作った商品を高く売ることができれば、大きな儲けを手に入れることができます。

この安く作り高く売って儲けを増やすやり方は、どの時代の商人もやってきた商売の王道ですが、資本主義を取り入れたヨーロッパや明治維新後の日本は、国をあげて大々的にこのやり方を推し進めていきました。それが、アジア・アフリカ地域への進出と植民地化です。

これらの国は、強大な軍事力を背景に、アジア・アフリカ地域を植民地化し、現地の産品や労働力を安く買いたたくことで、商品を作る費用を抑えて莫大《ばくだい》な儲けを手に入れることに成功したのです。労働力については、最もひどいのは、皆さんもよく知っているように奴隷として働かせるケースです。近代以降のヨーロッパや日本の急速な経済成長は、こうしたアジア・アフリカ地域の負の歴史として語られる植民地化と密接に関わっていたのです。

こうしたアジア・アフリカ地域の産品や労働力を安く調達するやり方は、20世紀半ば以降にアジア・アフリカ地域の多くの国々が独立しても続けられていました。日本の例で言えば、近隣の中国や韓国に工場を作り、現地の安い原料や労働力を使うことで、日本の会社は費用を抑えて商品を生産することができ、莫大な儲けを手に入れることができたのです。

やがて、アジア・アフリカ地域の国々も経済成長が進んでいくにつれて、原料の値段や賃金が上がっていきました。そうすると、日本の会社もそうした国で安く商品を生産することは難しくなっていきます。日本の会社は、より安く商品を生産できる場所を探し求めて、まだ経済成長が進んでいない国に工場を移して、儲けをなんとか確保しようとしたのでした。日本の会社の海外進出先が、中国や韓国からベトナムやタイといった東南アジアの国々へ移っていったのは、そうした事情があったからなのです。

しかし、安い原料や労働力を確保し続けるのには限界があります。今は貧しい国であっても、やがては経済成長が進んでいき、原料の値段や賃金は上がっていくはずだからです。実際、東南アジアの各国も経済成長が進み、ベトナムやタイのものの値段は十数年前と比べて飛躍的に高くなっています。安く作り高く売って儲けを増やすやり方は、持続的な経済成長の源泉としては無理があるものでした。

それでは、経済成長を続けていくために、どのように儲けを確保していったらよいのでしょうか。一つのやり方は、みんなが高いお金を払ってでも欲しいと思えるような画期的な商品を新たに開発することです。これをイノベーション（技術革新）と呼びます。

私たちの生活で最も身近なイノベーションは、スマートフォンの開発ではないでしょうか。スマホが登場したことによって、私たちの生活は一変しましたが、そうした便利な生活を送るためにスマホはみんなが高いお金を払ってでも欲しいと思える画期的な商品だったのです。そして、スマホを開発した会社は莫大な儲けを手に入れることができたのです。

それならすべての会社がどんどんイノベーションをしていけば、経済成長を続けていくことは難しくないと考えるかもしれません。しかし、イノベーションというのは地道な努力と時間を必要とする忍耐勝負の賜物《たまもの》なのです。

新型コロナウィルスが流行したときに、その流行が始まったころから特効薬やワクチンの開発が叫ばれましたが、実際に医療の現場で使用されるまでには長い時間がかかったことを皆さんも覚えていると思います。

あるいは、空飛ぶ車やがんが治る薬、はたまた不老不死の薬など、もし開発されれば誰もが欲しいと思う画期的な商品は、多くのエンジニアや科学者が日々懸命の努力をしていますが、いまだ実用化されてはいません。人類の明るい未来のためにイノベーションは必要不可欠ですが、当面の経済成長を達成するための「特効薬」にはなり得ないのです。

それに人間というのはせっかちな生き物ですから、お金を儲けるためにいつ成功するかわからないイノベーションを気長に待つことはできません。もっと手っ取り早く金もうけができる商売はないのか。資本主義にどっぷりと浸かって金もうけの虜《とりこ》となってしまった私たちが注目したのが、金融と呼ばれるお金の貸し借りの世界でした。

金融化する資本主義とその限界

この本の第2章でもお話ししたように金貸しの商売の基本は、利子を付けて儲けることです。借り手は、返済日までになんとかして借りたお金に加えて利子を揃《そろ》えないといけないのに対して、貸し手は、貸したお金と儲けの利子が手元に入ってくるのを座して待っていればよいのでした。これは、イノベーションのためにあくせく働くよりずっと楽なお金の儲け方ではありませんか。

もちろん、借り手がどうしてもお金を返せなくなってしまうときもあります。その場合は、貸し手の儲けはゼロどころか貸したお金も失ってしまいます。そういうことにならないように、貸し手は、借り手がきちんと返済できる能力があるのかを調べる必要があるわけですが、金貸しで一攫千金《いっかくせんきん》をめざした人々は、そうした面倒なこともしないで手っ取り早く儲けられるやり方を編み出そうとしたのでした。そして、それにのめり込んでいったのがアメリカの投資銀行でした。

投資銀行というのは、日本でいう証券会社のことで、普段は、会社や個人のお金をどうやったら安全に増やしたり、お金を必要としている人に回すことができたりするのかについてアドバイスをしています。投資銀行はそうしたアドバイスの対価として儲けを受け取っていたわけですが、それに飽き足らず、もっと手っ取り早く儲けられるやり方を次々と編み出していったのです。

そのやり方とは、家が欲しいと思っている人々にお金を貸し出すことでした。しかも、アメリカの投資銀行は、お金を返す余裕のまったくない貧しい人々にもどんどんお金を貸していったのです。え？　そんなことをしたら、お金が返ってこなくて投資銀行も損をするだけなのでは、と思いませんか？　通常だったらそのとおりです。そもそも銀行はそんな人々にはお金を貸しません。手っ取り早くお金を儲けたいと思っている投資銀行が、そんな人々にお金を貸すということは、何か特別なカラクリがあるはずです。それを説明していくことにしましょう。

アメリカの投資銀行がこのやり方を思いついたのは、21世紀に入って間もないころです。ちょうどアメリカでは家を建てることが人々の間でブームになっていて、家の値段がどんどん上昇していました。仮に、投資銀行が家を欲しいと思っている人に1000万円を貸して、借り手はそのお金で1000万円の家を建てることにしましょう。利子は10％（100万円）で1年後にお金を返すとすると、借り手は1100万円を返さなくてはなりません。

1年後、お金を借りた人はどうするでしょうか。もし生活に余裕がまったくないほど貸しいのであれば、そのままではお金を返すことができません。そこで投資銀行は次のようなアドバイスを借り手にします。「1年前に建てた家は値上がりしていて、今、売ってしまえば1500万円で売れます。そのお金で1100万円を返したらどうでしょうか？」このアドバイスは、借り手にとっては悪い話ではありません。自分の身銭を切らずにお金を返せて、しかも、家を売った値段と借りた額の差額の400万円は自分がもらえるわけですから。

さて、借り手は住んでいた家を売ってしまったわけなので、新たに住む場所を見つけないといけません。そのとき、投資銀行は再び次のようなアドバイスをします。「今度は2000万円を10％の利子（200万円）でお貸ししますから、それで新しい家を建てたらどうでしょうか？　お金を返せないなら、またその家を売って返してくれればよいですから。大丈夫！　1年後にはその家は3000万円まで値上がりしてますよ！」このアドバイスも、もし1年後に本当に3000万円まで値上がりしていれば、借り手にとっては悪い話ではありません。なぜなら、借り手は再び自分の身銭を切らずにお金を返せて、800万円（家を売った値段3000万円から投資銀行に返す2200万円を差し引いた額）を手に入れることができるからです。

そんなうまい話があるのか⁉　と思うかもしれませんが、実際に家の値段は上昇し続けたため、どんなに貧しい人であっても家を売ることでお金を返すことができ、アメリカの投資銀行は莫大な儲け（利子）を手に入れることができたのです。

しかし、うまい話には必ず落とし穴があります。もう皆さんおわかりのとおり、これまで説明してきたやり方で順調に儲けを手に入れることができるのは、家の値段が上昇し続ける限りです。いったん、家の値段が下がり始めてしまえば、借り手は家を売ってもお金を全部返すことはできず、その結果、投資銀行も大きな損を出すことになってしまいます。

そうした懸念は現実のものとなります。アメリカでは、家を建てるブームが落ち着いた２００６年ごろから家の値段が下がり始め、それにともなって、お金を返せなくなった人がどんどん増えていきました。その結果、手元にお金が戻ってこなくなった投資銀行は多額の損失を抱えるようになってしまいました。そして、２００８年９月、このやり方を一番積極的に行っていたリーマン・ブラザーズという投資銀行が倒産したことで、この問題が広く知れ渡ることになったのです。

リーマン・ブラザーズの倒産の影響は、アメリカ国内だけでなく世界中に広がっていきました。このできごとが「世界金融危機」と呼ばれるゆえんです。それではなぜ、アメリカの一銀行のリーマン・ブラザーズの倒産が世界中を混乱に陥れたのでしょうか。

それは、リーマン・ブラザーズをはじめとするアメリカの投資銀行が貧しい人々に貸していたお金の多くは、世界中の銀行や投資家から借りたものだったからです。投資家というのは、お金もうけをすることを第一の目的として、会社や銀行にお金を貸す人のことです。リーマン・ブラザーズの倒産によって、貸したお金が戻ってこなかった銀行や投資家もリーマン・ブラザーズの巻き添えを食らう形で大損をし、連鎖的に世界中の経済が危機的な状況に陥ったのでした。

こうした結末を知る私たちから見れば、危ない橋を渡っているアメリカの投資銀行にお金を貸すなんてありえない！　と思うかもしれません。世界中の銀行や投資家も、投資銀行のやり方を本当に知っていたとしたらお金を貸さなかったはずです。しかし、なんとアメリカの投資銀行は、たくみな隠蔽工作を行って、借りたお金を誰に貸し出しているかわからないようにしていたのです。貸し手の銀行や投資家の方にも責任はあって、最初は投資銀行が順調に儲けを出していたことから（それは家の値段が上昇し続けていたからですね）、それなら安心と思って、誰にお金を貸しているかをしっかりと確認しないままお金を貸し続けていたのです。返す余裕のない貧しい人々にお金をどんどん貸し付けていたという事実を知ったのは、リーマン・ブラザーズが倒産した後だったのです。

このように、面倒なことを考えないでお金を手っ取り早く手に入れたいという人間の欲望が、世界を大混乱に陥れてしまう。世界金融危機は、儲けをひたすら追求し続ける今の資本主義の危うさを知らしめたのでした。

そして、この危機をきっかけに、今の資本主義をよく調べてみると、世界の儲けのうち、金貸しによって得られる儲けの規模が、商品やサービスといった実体のある商売からの儲けよりも、はるかに大きいことがわかったのです。

本来、金貸しは、実体のある商売がより円滑に行われるようにとあくまでも脇役として商売をサポートするものでした。しかし、今の資本主義は、金貸しが世界の経済を牛耳っているのです。しかも、世界金融危機で明らかになったように、金貸しは、それがいつか大きな損が生じるかもしれない不確実なお金もうけのやり方ですから、私たちはそうした不安定なしくみに頼りながら日々の生活を送っていたのです。こうした今の資本主義のあり方を「金融資本主義」と呼びます。

さらに、金融資本主義は、世界の経済を不安定な状態に陥れるだけでなく、人々の間の経済格差を拡大してしまうおそれもあるのです。どういうことなのでしょうか。

お金もうけを目的として金貸しをするのは、どちらかというとお金に余裕のある豊かな人です。この人たちは、手っ取り早くお金を儲けようと思って巨額のお金を金貸しにつぎ込みます。そして、運良く儲けが出たら、その儲けをさらに金貸しにつぎ込みます。このように儲けが金貸しの中だけで回ってしまって、それ以外の人々は金貸しの儲けの恩恵をほとんど受けることができません。

結果として、豊かな人はより豊かになり、貧しい人は貧しいままに置かれるといった具合に、もともとあった経済格差がさらに拡大していってしまうのです。フランスの経済学者トマ・ピケティは、日本でも広く読まれた『21世紀の資本』という本の中で、そうした経済格差は今後ますます大きくなると述べています。

金融資本主義をたくみに利用して、使い切れないほどの儲けを手にする人たちのことをスーパーリッチと呼びますが、そうした人々は世界の中でもごくわずかに過ぎません。それ以外の人々は、金貸しの恩恵を受けることができないばかりか、スーパーリッチのマネーゲームに翻弄されて、自分たちの生活が脅かされる事態にもなっています。世界金融危機は、まさにそうした金融資本主義の限界を露呈したできごとだったのです。

金融資本主義を乗り越えるために

以上でお話ししてきた金融資本主義と呼ばれる今の経済のしくみが抱える問題と限界については、世界中の多くの人々も、これではいけない！　と警鐘を鳴らし、望ましい経済のあり方を模索し始めています。例えば、２０１１年には世界の金融の中心地であるアメリカ、ニューヨークのウォール街が多くの人々によって占拠され、「われわれは99％だ」を合い言葉に、経済をスーパーリッチから取り戻す運動を展開しました（写真23）。

そのほかにも、１９９１年のソビエト連邦の崩壊とともに、一旦は歴史の一コマとして忘れ去られようとしていた共産主義（コミュニズム）も、近年、今の資本主義が抱える問題を克服しうる古くて新しい考え方として再評価が進んでいます。

共産主義は、資本主義の登場によって近代のヨーロッパで噴出したさまざまな問題を解決すべく生み出された考え方の一つです。その旗手として最も有名なのがカール・マルクス（1818〜83）です。マルクスは、資本主義のしくみを冷徹に分析することで、その問題点を浮かび上がらせて、来たるべき新しい経済のしくみを構想したのでした（写真24）。

マルクスが描いた構想は大胆で、資本主義のしくみをまるまる打倒して、新しい経済のしくみを作り直すものでした。例えば、マルクスは私たちが当然のように持っている所有権の廃止を主張します。つまり、お金も土地も何もかも手放して、みんなで平等に分け与えるというものです。さらに、同じく平等を重視する観点から、儲かる人とそうでない人が必然的に生まれてしまう市場《しじょう》も廃止すべきだと考えます。

こうした考え方は、資本主義の登場によって経済格差が深刻な問題となっていたヨーロッパで広く支持されました。そして、1922年にソビエト連邦ができると、この共

写真23　上：世界の金融の中心地、アメリカのニューヨークのウォール街。下：2008年4月にアメリカ、ハーバード大学で開催されたイスラーム経済の国際会議。奇しくもこの5か月後にリーマン・ブラザーズが破綻した（ともに筆者撮影）

産主義が国の経済のしくみとして採用されることになり、その後、多くの国がそれに追随していったのです。

先ほど述べたソビエト連邦の崩壊に代表されるように、共産主義の壮大な実験は失敗に終わったのですが、金融資本主義が生み出した経済格差が深刻化する今、マネーゲームをやめて平等な社会の実現を求める人々によって共産主義は再び注目を集め始めているのです。

共産主義とイスラーム経済を分けるもの

この本の最初でお話ししたように、イスラーム経済も資本主義がもたらしたさまざまな問題を克服するために現代世界に再び登場してきたものです。しかし、今述べた共産主義とは、問題に対する処方箋の出し方が違います。共産主義が資本主義のしくみの抜本的な変更を掲げるのに対し、イスラーム経済は資本主義の使えるところは残して、問題のあるところを改善していくという立場を取っているのです。

共産主義の考え方にもとづいて、じゃあ今日から皆さん持っているお金や土地を手放

写真24　上：ドイツ西部の都市トリーアにあるマルクスの生家。下：マルクスがイギリス時代に住んでいたアパート（ともに筆者撮影）

してください、市場《しじょう》での売買は禁止します、と言われても、いきなり？　と思ってしまうでしょう。そこが共産主義の弱点で、みんなが平等な社会を作るという考え方には賛成できても、そうした社会に移っていくための具体的な行動計画を作るのはなかなか難しいところです。ソビエト連邦をはじめとする多くの国で採用された20世紀の共産主義も、この資本主義から共産主義への移行の問題が大きな問題となり、道半ばで失敗に終わってしまったのです。

それと比べると、イスラーム経済のめざす方向性はより現実的です。なぜそんなに現実的な方向性を打ち出せるかというと、この本を読んできた皆さんにはおわかりのように、イスラームでは金もうけを認めるとか、助け合いのしくみに市場を活用するとか、私たちの資本主義と共通する考え方やしくみが多くあるからです。このようにイスラーム経済が資本主義に近い存在であるからこそ、資本主義の良いところと悪いところがより見えやすくなって、悪いところを直すための現実的なアイデアを出しやすいのではないかと私は考えています。

それでは、資本主義の抱える問題を克服するためのイスラーム経済の知恵とは何なのでしょうか。この本で見てきたイスラーム経済の具体的な取り組みである無利子銀行とイスラーム式助け合いのそれぞれから考えてみることにしましょう。

無利子銀行の知恵

この本の第3章で見てきたように無利子銀行では、ムダーラバという貸し手と借り手があたかもパートナーのように商売をともに行い、儲けも損も二人で分かち合うしくみによってお金の貸し借りを行っていました。貸し手は、自分の儲けを少しでも増やすために、借り手の商売に積極的に口を出します。借り手の方も、貸し手が誰なのかわかっていて、しかも、貸し手が頻繁《ひんぱん》に口を出してくるので、借りたお金を無駄にしまいと商売に精を出すことになるでしょう。

このように無利子銀行では、貸し手と借り手がお互いに顔の見える近しい関係になっていることで、お金が有効に使われるようになっているのです。これは、自分が預けたお金がどこの誰に貸し出されているのかがまったく見えない金融資本主義のお金の貸し借りと対照的です。貸したお金を何に使うのかわからない信用できない借り手にはそもそも貸しませんし、借り手も貸し手の目を気にしておいそれとは変な商売に手を出すこともありませんね。

さらに、このムダーラバでは、実体のある商売にだけお金が貸し出され、貸し手はそうした商売の儲けの一部を受け取ることになっています。これなら、金融資本主義のように金貸しの儲けが再び金貸しに回ることで実体のある商売にたずさわっている私たちに儲けの恩恵が届かないこともありませんし、家の値段という実体のないものを使ってただ座して儲けが生まれるのを待っているようなこともありません。無利子銀行における金貸しは、実体のある商売の脇役に徹しているのであり、もっと言えば、実体のある商売をより活発にするためのしくみだと言うことができるでしょう。

２００８年に世界金融危機が起こった後、世界中の人々が無利子銀行に注目するようになりました。それは、金融資本主義のマネーゲームの暴走を食い止めることのできるしくみが、そこにしっかりと組み込まれていることに気づいたからでした。

実際、世界金融危機が起こったとき、無利子銀行はその被害を最小限に食い止めることができていたのです。１９７０年代に無利子銀行が本格的にスタートしたとき、欧米の人々は、利子のない銀行なんて成功するはずがない！　と鼻で笑っていたわけですが、今や、自分たちの資本主義の抱える問題を解決するために無利子銀行に学ぼうとしているのです。

イスラーム式助け合いの知恵①

この本では、イスラームにおけるさまざまな助け合いの形を紹介しました。第2章では義務の喜捨（ザカート）、第4章では自発的な喜捨（サダカ）やワクフを見てきました。こうした多彩な助け合いのしくみは、実はイスラーム独自の考え方の上に成り立っています。

この本の第1章で、それぞれのムスリムはアッラーとの間で契約を結び、あの世での救済をめざしてこの世を生きていくというお話をしました。その際、あの世での救済はそれぞれのムスリムの個人目標であり、極論すれば、自分さえ救済されればよいということになっていたと説明したと思います。こうした利己的な考え方にもとづく宗教であるのに、イスラームではなぜこれほど助け合いが活発に行われているのでしょうか。

このことに関連して、私が経験した面白いエピソードがあります。皆さんは「ありがとう」と言って相手に怒られた経験があるでしょうか。私は、エジプトに調査に行ったときに、現地で調査に協力してくれたエジプト人に「ありがとう」と言って怒られたことがあります。

私はいきなり怒られてとても驚いてしまったのですが、本人に真意を尋ねると、次のように教えてくれました。アッラーの教えには、困っている人がいたら助けなさいという教えがあって、自分はアッラーの教え＝義務に従ったに過ぎない。『クルアーン』の第2章第276節にあるように、困っている人を助けたらアッラーは恩恵を増やしてくださって自分が天国に行ける可能性が高まる。自分はそれで満足なのだから、さらに助けた人から感謝されようとは思わない、というものでした。

私は、自分が救われるために困っている人を助けるという考え方に目《め》から鱗《うろこ》が落ちました。なぜなら、助け合いというものは、困っている人がいてその人を助けたいという気持ち（これを利他と言います）が先にあって行われるものだと考えてきたからです。

イスラームの助け合いは、そうした私たちの常識とは正反対のもので、自分が救われたいという利己的な思いが先にあって、その目的達成の手段として人助けが行われているに過ぎないのです。しかし、結果としては、困っている人に救いの手が差し伸べられていますね。私はこうしたイスラーム独自の助け合いの考え方を、利己的利他精神と呼んでいます。

さらに、イスラーム式助け合いは、人知れずひっそりと行うことがのぞましいと考えられています。『クルアーン』の第2章第271節の章句を見てください。

「ムスリムは喜捨をあらわにしてもよいが、人目を避けて喜捨を行えばさらによい。」

日本では、災害が起こるたびに国内外から多額の義援金が集まりますが、そのときにどの芸能人がいくら募金をしたかが話題になります。場合によっては、あの芸能人は全然募金をしなくてケチだとか、お金持ちなんだからもっと募金をすべきだとか言われてしまいます。イスラームでは、誰がどれだけの喜捨をしたのかについては、人々の関心事にもなりませんし、喜捨をした本人もそれを世間に知らしめて誇るということを一切しません。

あるいは、日本や欧米には、多額の寄付をした人の名前を建物の名前に付けて、寄付したことを称《たた》える文化がありますが、イスラームにはそれもありません。イスラーム世界では、お金持ちの喜捨によって、町中に突如として大きな病院や学校が建つことがありますが、そこには喜捨した人の名前は一切掲げられていないのです。次に示す『クルアーン』第2章第270節にあるように、アッラーは喜捨の行いをきちんと見てくださっているので、喜捨した人は天国に行ける可能性が高まったことを密《ひそ》かに喜んでそれで満足しているのです。

「ムスリムがどんな喜捨をしようとも、アッラーは本当にすべてを知っておられる。」

このように喜捨をした人が誰であるかが社会的に見えないというしくみは、助けを必要としている人にとって利点があります。日本や欧米の助け合いのように、募金をした人の顔が見えてしまうと、助けを受けた人はどうしてもその人のために必要以上にがんばってみせたり、単にサボっているだけだから手厚い支援など必要ないといわれのない批判を浴びて肩身が狭くなったりしがちです。

これに対して、顔の見えないイスラーム式助け合いでは、助けを必要としている人は、手を差し伸べてくれる人に負い目を感じないで助けを求めることができるという点で、気軽に利用しやすいのかもしれません（写真25）。

先ほどの私に怒ってきたエジプト人は、もし助けてもらってありがとうと言いたいのであれば、人助けをしなさいという教えを作ったアッラーに感謝をすべきだ、とも言いました。このことは、イスラーム式助け合いが、人と人の間ではなくアッラーと人との関係の中で行われていることを端的に示しています。無利子銀行で見てきたように、商売では人と人との顔が見える関係を重んじるのに対して、助け合いでは人と人との顔が見えなくなるというのも面白い対比ですね。

さて、こうしたイスラーム独自の助け合いの考え方は、私たちにどんなことを教えてくれるでしょうか。私たちの社会でも、今、助け合いの重要性は以前にも増して重要になっています。金融資本主義による経済格差の拡大はもちろんのこと、日本では高齢化が進むことで助けを必要としている人が今後、さらに増えていくことが確実視されています。そうした助け合いを支えているのは、人々の稼いだお金です。そのお金をどのように助け合いに分けるのかを考えるときに常に議論になるのは、稼いだ人からどれだけのお金を助けが必要な人に回すかという問題です。

一番身近な例は、税金をどれだけ取るかという問題です。皆さんも商品を買うときに消費税を払っていると思いますが、その税金は政府によってさまざまな用途に使われます。中でも社会保障費と言って、お年寄りや病気の人、生活に困っている人に回すお金は年々増加していって、今、私たちが支払っている税金では足りなくなるくらいです。

お金が足りない場合は、例えば、消費税の税率を今の10%から15%に上げることでまかなうことが考えられます。実際、1989年に日本で初めて消費税が導入されたときは税率が3%で、その後、段階的に引き上げられてきました。しかし、税率を上げて支払う税金を多くすることは、私たちが自由に使えるお金がそれだけ減ることを意味して

写真25　喜捨の受け取りを待つ人々（上：マレーシア、下：イギリス、許可を得て筆者撮影）

います。消費税の税率を上げるときに、決まって議論になるのは、私たちはどれだけ他人のために自分の使えるお金が減ることに我慢できるかという問題です。

困っている人への支援の手をもっと手厚くしようとすれば、私たちはもっと我慢しなければならない。逆に、私たちがもっと自由にお金を使いたいのであれば、困っている人はより苦しい状況に置かれてしまう。ここでは、利己（自分の満足）と利他（人助け）が激しくせめぎ合っている状況が生まれ、その結果、十分な支援が必要としている人のところに届きづらくなっているのです。

こうした状況は、一国の社会保障をめぐる問題だけで見られるものではありません。深刻化する気候変動問題でも、今の快適な生活水準を維持したい先進国と、温暖化による海水面の上昇によって国の存亡の危機に立たされている太平洋の島国の間では、同じく利己（先進国の満足）と利他（島国を救いたい）のせめぎ合いが見られるのです。

そうした利己と利他の間のバランスをどう取るのかに苦心している私たちの社会にとって、自分の目的を達成するために困っている人を助けるというイスラームの利己的利他精神は、利己と利他をうまい具合に両立する考え方としてとても魅力的に見えます。

私たちの社会でも、自分のことを差し置いて献身的に人助けをしているすばらしい人は数多くいます。

しかし、自分のことを第一に考えたいと思うのは抗しがたい人間の性《さが》で、誰もが自己を犠牲にして人助けができるほど人間は強い存在ではありません。その点、同じ人助けができるのであれば、自分の欲望を無理して抑えないやり方でやってみればよいと言ってくれるイスラーム式助け合いの考え方は、人間の弱さに寄り添ってくれるもので、誰にでも理解可能なものなのではないかと私は思います。

イスラーム式助け合いの知恵②

さて、イスラーム式助け合いから私たちが学ぶべき知恵はほかにもまだあります。それは、第1章でお話ししたムスリム独自の隣人感覚が可能にする助け合いのあり方です。ムスリム独自の隣人感覚とは、遠くに住んでいたり一度も会ったことがなかったりするムスリムに対しても、あたかも近くにいるかのように感じる親しみの感覚のことでした。ムスリムは、物理的な距離の遠近は関係なく、世界に散らばる約20億人の仲間全員を

「お隣りさん」として認識しているのです。

そうしたムスリムの隣人感覚の生み出す力は、助け合いの場面でいかんなく発揮されます。どういうことかというと、災害や戦争などが起こって助けを必要とするムスリムが出てくると、それが自分の住んでいる場所からの距離に関係なく、世界中のムスリムがこぞって迅速かつ手厚い支援を行うのです。

私たちの助け合いの感覚では、物理的な距離が近い人により手厚い支援を行う傾向があると思います。日本のどこかで災害が起これば、同じ日本人だから助け合おうとか、台湾で地震が起これば、隣の国で困っている人を見過ごせないから義援金を送ろうとか、そういった感覚です。

逆に、物理的な距離が遠ければ、友人がいるとか、以前旅行したことがあるとか、特別なつながりがない限り、関心が薄まることも少なくありません。中東で起こっている内戦で苦しんでいるシリアやイエメンの人々、パレスチナのガザで家を追われた人々に対して、日本に住んでいる人の誰もが、日本国内や隣国の被災者と同じ程度に心を寄せて義援金を送ることができるかというと、それは現実的には難しいのではないでしょうか。

これに対して、ムスリムは物理的な距離に関係なく誰もが「お隣りさん」なわけですから、私たちが隣人に厚く心を寄せるのと同じように、世界各地に住む「お隣りさん」に同じくらいの支援の手を差し伸べることになるのです。この本の第4章で、イスラーム世界の各地で起こっているさまざまな課題に対して、ムスリムが提供している喜捨は国際社会が差し伸べる支援よりもはるかに大きいとお話ししましたが、そうした支援を可能にしているのは、このムスリム独自の隣人感覚にあるのです。

さらに近年では、ムスリムが支援の手を差し伸べるべきだと考える「お隣りさん」の範囲が、宗教を超えて拡大をしています。第4章で、東日本大震災のときに多くのムスリムが団結して被災者を助けてくれたことに触れましたが、それが最たる例です。なぜなら、支援の対象となった多くの人はムスリムではないからです。

同様のことは、2015年にネパールで発生した大地震のときにも起こりました。インドネシアで喜捨を集めている団体が、ヒンドゥー教徒が多数を占めるネパールへの支援を大々的に呼びかけたのでした（写真26）。

今の私たちの住む世界では、金融危機や気候変動問題のように、一国ではとても手に負えずに地球規模で取り組まなければならない難題が山積しています。そして、それらの難題のせいで苦しい生活を余儀なくされている人々が世界各地に数多くいます。

そうした問題の原因の一端を担っている私たちは、そうした遠くに住む人々と決して無縁ではなく、手を差し伸べなければならない立場にあると言えます。しかし、言《い》うは易《やす》く行《おこな》うは難《かた》しで、実際に何らかの支援を実行に移すことは必ずしも容易ではありません。そうであるからこそ、遠く離れていてもお隣りさんのように心を寄せることのできるムスリムの隣人感覚とそれにもとづいた助け合いのあり方は、今の私たちの世界に喫緊に必要とされるものではないでしょうか。

イスラーム経済を活用することは可能なのか?

以上で見てきたように、イスラーム経済には私たちの資本主義の抱える問題を解決するための魅力的な知恵が豊富に詰め込まれていることがわかります。こうした知恵を私たちも活用できたらもっとよい社会ができるのではないかと希望がわいてきた人がいた

写真26　ネパール大地震の被災者への喜捨を呼びかけるインドネシアの団体のホームページ（https://www.rumahzakat.org/ 2015年5月4日閲覧）

としたら、私もこの本の著者としてうれしく思います。

しかし、イスラーム経済の知恵を実際に活用しようとするときに立ちはだかる問題があることも忘れてはいけません。それは、イスラーム経済の考え方や具体的な取り組みが、イスラームという信仰にもとづいているものであり、信仰を共有しない私たちが本当にそれを活用できるのかという問題です。この本を閉じるにあたって、このことについて考えてみることにしたいと思います。

結論から言ってしまえば、イスラーム経済の知恵を私たちが活用することは十分に可能だということです。そう考える理由は、イスラームの歴史と私たちの歴史という二つの歴史的経験を振り返るとわかってきます。

イスラーム文明の歴史から学ぶ

無利子銀行で使われているムダーラバは、この本の第3章でお話ししたように近代以前のイスラーム世界の商売で広く使われていました。ムダーラバが当時のイスラーム世界の繁栄を支えていたといっても過言ではありませんし、地中海からインド洋、そして東アジアの海にいたるまで広い範囲でこのムダーラバが使われていました。

他地域の人々も、ムスリム商人と取引をする場合、このムダーラバを使うことがありました。そうした人々の中に、このしくみを自分たちの商売にも取り入れてみたいと思う人が出てくるのは自然な流れでしょう。実際に、地中海を挟んでムスリム商人と交流のあったイタリアの商人たちは、このムダーラバを応用した方法を自分たちの商売に積極的に取り入れていきました。

時代が下るにつれて、ムダーラバに起源をもつ商売のやり方がヨーロッパを南から北に伝わっていき、イギリスで皆さんもよく知っている商売のしくみに発展していきました。それが、株式会社のしくみです（写真27）。株式会社は、商売をしたいと思っている人が、みんなからお金を出してもらって会社を作り、商売を行うしくみです。「株式」とは、お金を出した証明として受け取る紙のことを指します。このしくみでは、儲けが出たら会社はお金を出してくれた人、すなわち株主と呼ばれる人にその一部を分けます。逆に大損をして会社が倒産してしまったら、お金は一切返ってきません。儲けと損をお金の貸し手と借り手の間でシェアするという点で、ムダーラバとそっくりですね。

イスラーム世界が起源と言われている経済のしくみはほかにもあります。信託と呼ばれるしくみがありますが、このしくみはこの本の第4章で取り上げたワクフに由来するとも言われています。

信託は、自分の財産をほかの誰かに託して、自分が決めた目的に沿って管理してもらうしくみです。その目的の中には、社会のために自分の財産を使うというワクフと同じようなお金の使い方も含まれています。

ワクフと信託の直接的なつながりを明らかにする確固たる証拠はまだ出てきていませんが、イギリスで世界最初の信託が始まったのが、イスラーム世界でワクフがさかんに用いられていた13世紀ということを考えると、信託がワクフの影響を受けた可能性があると言ってもあながち間違いではないと私は思います（写真28）。

このように今の私たちの資本主義を支えているしくみの中には、イスラーム世界が起源と言えるものが数多く存在しています。しかし、今、私たちは誰もこれらのしくみがイスラームのものだとは言いませんよね。それは、最初はイスラームのしくみだとみんなに認識されていたものが、何百年という時を経て、誰もが使うありふれたしくみとなっていったせいで、イスラーム世界が作り出したものだということをみんなが忘れてしまったからです。

裏を返せば、みんなが忘れてしまうほど、信仰に関係なく誰でも使えるしくみに進化していったとも言えるでしょう。こうした誰にでも使える形で進化することを私は普遍化と呼んでいます。

この普遍化に長《た》けているのがイスラーム文明の大きな特徴なのであり、それゆえ、私はイスラーム経済の知恵を誰もが活用できると考えているのです。今は、ザカートやサダカといった喜捨のように信仰を共有していないと使うことが難しいと思えるしくみであっても、株式会社や信託のように、もしかして何百年後には、世界中どこにでもある助け合いのしくみとして、ザカートやサダカが広く使われている世界が訪れるのかもし

写真27　株式会社のしくみが花開いたイギリス、ロンドン。写真は株式の売買がさかんに行われた王立取引所（現在は商業施設として利用、筆者撮影）

写真28　世界最古の信託財産とされるイギリス、オクスフォード大学の建物（マートン・カレッジ、筆者撮影）

れません。

私たちが育んできた経済の知恵を見つめ直す

さて、もう一つの私たちの歴史的経験からはどんなことが言えるのでしょうか。実は、私たちの社会で見られた、もしくは今も見ることができる経済のしくみの中には、この本で紹介したイスラーム経済の知恵と似たような考え方を見出せるものが少なくないのです。いくつか例を挙げてみることにしましょう。

鎌倉時代から連綿と行われてきた伝統的なお金の貸し借りのやり方に頼母子《たのもし》と呼ばれるものがあります。現在でもこのやり方が残っている地域があって、特に、沖縄では模合《もあい》という名前で老若男女が皆、こぞってグループを作って取り組んでいます。このやり方では、友人知人どうしでグループを作り、毎月、みんなで集まってお金を出し合い、お金を必要としている人から順番に借りるというしくみになっています。

そうしたしくみからわかるように、頼母子では無利子銀行のムダーラバと同じように顔の見えるお金の貸し借りが行われているのです。自分のお金は友人知人が使うことになるので安心ですし、借りた人は友人知人のお金だからこそ有効に使おうという動機が働きますから、金融資本主義のマネーゲームのようには決してなりません。

頼母子は、現在、私たちが街中で目にすることのできる信用金庫や信用組合と呼ばれる金融機関のルーツにもなっています。信用金庫や信用組合は、単にお金を貸して儲けることを優先するのではなく、地域の中小企業や住民がしあわせになることを一番の目的として金貸しを行っている金融機関のことです。ですから、こまめに借り手のところを訪れて、日々の商売のお悩み相談を受けたり、商売が苦しくなったときには打開策を一緒に考えたりする姿を見ることができます。

こうした信用金庫や信用組合のあり方は、実体のある商売の脇役に徹してお金を貸して、貸し手と借り手がともに手を携えて商売を進めていく無利子銀行とそっくりです。もちろん、信用金庫や信用組合の金貸しには利子が付きますが、根底にある考え方は無利子銀行がめざすものに非常に近いと私は考えています。

最近では、金融資本主義のマネーゲームの最前線に立っていた銀行員の中にも、自分たちの行ってきた金貸しがさまざまな問題を生み出してしまったことに気づき、社会のためになる金貸しの新しいあり方を模索する人々が少しずつでてきています。そういった人々の思いも、無利子銀行を作ることをめざした人々と共通するものがあるのではないでしょうか。

それでは、イスラーム式助け合いに似た考え方は、私たちの歴史的経験の中に見出すことはできるでしょうか。私が住んでいる滋賀県では、古くからさまざまな商売を手がけるあまたの商人が活躍していて、彼らはまとめて近江商人《おうみしょうにん》と呼ばれていました（写真29）。

近江商人には独自の経済哲学がいろいろとあります。その中で最も有名なものが「三方よし」と呼ばれるものです。三方とは、売り手、買い手、それに社会を指すもので、商売は、売り手の儲けだけを優先するのではなく、買い手の満足や社会全体のしあわせを念頭に置きながら行わなければならないという考え方です。この考え方には、イスラーム式助け合いにおける利己的利他精神のように、利己と利他の間のバランスをなんとかして取ろうという精神が読み取れます。

同じような精神は、明治維新以降、日本に資本主義を導入しようとした人々の中にも

写真29　近江商人ゆかりの地の1つである五箇荘《ごかしょう》（東近江市）の町並み（筆者撮影）

写真30　渋沢栄一が設立に関わった会社の1つである京都織物株式会社の本社建物は、筆者が所属する京都大学の図書室(東南アジア地域研究研究所図書室)として活用されている（筆者撮影）

見られました。最も代表的なものが、新しい1万円札の肖像にもなった渋沢栄一（1840〜1931）です。渋沢は、関東の農家に生まれましたが、江戸幕府最後の将軍である徳川慶喜《とくがわよしのぶ》にその能力を高く買われ、ヨーロッパ視察団に抜擢《ばってき》されて、そこで資本主義のしくみを学びました。明治維新後は、その経験を生かして、現在まで日本経済を支えている多くの会社を作り、日本の近代化に大きく貢献をしました（写真30）。

日本資本主義の父とも呼ばれる渋沢栄一は、ただ金もうけに邁進《まいしん》して、日本を発展させることを考えていたわけではありませんでした。そのことを象徴する渋沢の言葉が「道徳経済合一」です。これは、たとえ商売の目的が金もうけであったとしても、社会全体の繁栄に対して責任を持つことを忘れてはならないという考え方です。渋沢はこの考え方にのっとって、商売で儲けたお金を惜しみなく困っている人のためにつぎ込みました。

こうした近江商人や渋沢栄一の考え方は、金融資本主義によって金もうけを優先したことの悪弊が顕在化している今、再び注目が集まり始めています。それは、CSRと呼ばれる会社の社会的責任を重視すべきだと考える動きです。CSRとは、会社が行っている商売が、社会全体の繁栄のためになっているのかを細かくチェックして、もし、経済格差や気候変動のような今の社会が抱える問題に対して悪影響を及ぼしているのであれば、それをきちんと正していくべきだとする考え方です。

会社がCSRを重視すべきだという声は、会社にお金を貸す人からだけでなく、会社が作った製品やサービスを買う消費者からも高まってきています。会社にとっては、CSRに沿って、儲けの一部を社会のために使うことで一時的にはお金が減ってしまいますが、CSRを評価してくれる消費者を惹《ひ》き付《つ》けることができることで、結果的には儲けが増えるという利点があります。ここでも、イスラーム的助け合いと同じく利己と利他の間の折り合いをなんとかして取ろうという精神が読み取れますね。

これらの例からわかるように、私たちの社会が歴史的に育んできた経済の知恵の中にも、実はイスラーム経済の知恵と似たものがたくさん存在しているのです。この本の最初に、「イスラームは単に「遠い存在」なのではなく、「遠くて近い存在」なのです」とお話しした理由はここにあります。

イスラーム経済の知恵を学ぶことは、私たちが忘れてしまっていたかもしれない経済の知恵を思い出し、よりよい未来を作るためにそれを再び活用する格好の機会なのです。他者を知ることで自己を見つめ直す、私はこれが本当の「異文化理解」だと考えています。

そして、私たちがよりよい未来を作るために動き出すことは、同じゴールをめざしてイスラーム経済を使って試行錯誤を繰り返しているムスリムたちとコラボレーションを始めることを意味しています。遠く離れていても、直接会う機会はなくてもめざすゴールは同じ。これは、まさに遠くの「お隣りさん」に心を寄せるイスラーム式助け合いの知恵をより高い次元で私たちも実践することにほかならないのではないでしょうか。

おわりに

私がイスラームの研究を一生の業《なりわい》にしようとしたきっかけは、イスラームが持つ驚異の柔軟性と普遍性に強く惹《ひ》かれたからです。

この本の第1章でもお話ししたように、イスラームの教えは、預言者ムハンマドが、西暦610年から彼が亡くなる632年までのわずか23年のあいだにアッラーから受け取った教えによって成り立っています。その教えは、聖典『クルアーン』にすべて収められていますが、それは文庫本のわずか3冊の分量に過ぎません。そんなコンパクトな教えにもかかわらず、イスラームは一つの壮大な文明システムを築き上げることに成功したのでした。

それを可能にしたのは、イスラームの柔軟性です。イスラームが登場して1400年以上ものあいだ、わずか文庫本3冊の教えを駆使して、日々生じる新しい問題に対して、アッラーだったらこう考える！　とムスリムたちは頭を柔らかくフル回転させながら巧みに解答を導き出してきたのです。そして、資本主義の危機が叫ばれる今も、この柔軟性によって、イスラームは時宜を得たアイデアを提供し続けているのは、この本のイスラーム経済の知恵で見てきたとおりです。

他方、イスラームの普遍性は、ムダーラバの株式会社への進化やワクフの信託への発展のように、この本でもいくつかの例を見てきたわけですが、それ以外にもイスラーム世界で育まれた科学技術や思想哲学は、私たちが暮らす近代文明に多大な影響をおよぼしてきました。近代以前のイスラーム世界の繁栄がなかったら、近代文明は今のような形を成していなかったと言っても過言ではありません。

そして、こうしたイスラームの驚くべき普遍化の経験からは、今は特殊なものとして見られるかもしれないイスラーム経済のしくみが、近い将来、今の資本主義の問題を克服するための重要なアイデアのピースとなり、地球上の誰もがあたりまえに使うしくみに発展しているかもしれないという淡い期待を抱かずにはいられません。

皆さんもこの本を読んで、私と同じようにイスラームが持つ柔軟性と普遍性の魅力と可能性を感じ取ってもらえたのなら、それはとてもうれしいことです。

＊

こうした柔軟性と普遍性というキーワードを念頭に置きながらイスラーム経済の可能性を考えるという私の試みは、コロナ禍まっただ中の２０２０年から始まった「イスラーム信頼学」と呼ばれる大きな研究プロジェクト（正式名称：学術変革領域研究（Ａ）「イスラーム的コネクティビティにみる信頼構築：世界の分断をのりこえる戦略知の創造」）に参加したことで本格的に始まりました。このプロジェクトには、経済だけでなく、政治、歴史、社会、思想といった多岐にわたるイスラーム研究者が参加し、人々の分断が深刻化する世界に対して、イスラーム世界からそれを克服する知恵を見つけ出すことに取り組んでいます。

イスラーム信頼学プロジェクトでは、シビルダイアログ・キャラバン（市民との対話巡行）と称して、研究の成果を専門家だけでなく、一般市民の方々にも広く知ってもらう取り組みに力をいれています。この本も、そうしたキャラバンの一環として、イスラーム世界はちょっと敷居が高いなと思っている皆さん、特にこれからの地球社会を担うことになる若い読者の皆さんに、イスラーム経済というネタを入り口にイスラームをもっと親しみを持って知るきっかけになればよいなと思って書きました。

私は、これまで、中学生向け（『お金ってなんだろう？』平凡社《へいぼんしゃ》）や大学生・一般向け（『イスラーム銀行』山川出版社（共著）、『資本主義の未来と現代イスラーム経済』詩想舎）のイスラーム経済の入門書を書いてきましたが、その中間の高校生や大学に入りたての学生さんを主たる読者として想定した「易しすぎず難しすぎない」入門書をいつか世に問えたらと思っていました。

そんな私の思いを感じ取っていただいたのか、まさにそうした人たちをターゲットに置いた新書レーベルへの執筆という千載一遇の機会をくださったちくまプリマー新書編集部の鶴見智佳子さんには、心から感謝申し上げたいと思います。難題が山積する今の経済や社会のしくみを何とかしなければという鶴見さんのあふれ出る熱い思いに少しでも応えることができればという思いが、この本を書き進める原動力になりました。

最後に私事を一つだけお許しください。今、私の周りには高校生から小学生まで幅広い年齢層にわたる甥《おい》っ子《こ》や姪《めい》っ子《こ》がいます。昨今の日本や世界のニュースを見聞きすると、彼ら・彼女らが本格的に活躍することになる近未来の地球社会は本当に安泰なのだろうかと暗澹《あんたん》たる気持ちになってしまいます。この本が、彼ら・彼女らがのびのびと生きていくことのできる未来の構築にわずかでも貢献できたら、それは望外の喜びです。

そして、そのしんがりを務め、ようやく文字に興味を持ち始めた私の3歳の息子が高校生くらいになったときに、「親父《おやじ》（関西生まれだからおとん？）もなかなかためになること言ってるやん」と思ってこの本を手にしてくれることをひそかな楽しみにしたいと思います。

2024年8月

長岡慎介

トピック別　次に読む5冊（それぞれ易しい順）

イスラーム

小杉泰『イスラームとは何か――その宗教・社会・文化』講談社現代新書、1994年
西尾哲夫・東長靖編『中東・イスラーム世界への30の扉』ミネルヴァ書房、2021年
長沢栄治・後藤絵美編『東大塾　現代イスラーム講義』東京大学出版会、2023年
黒木英充・後藤絵美編『イスラームからつなぐ1　イスラーム信頼学へのいざない』東京大学出版会、2023年
小杉泰・黒田賢治・二ツ山達朗編『大学生・社会人のためのイスラーム講座』ナカニシヤ出版、2018年

イスラーム経済

長岡慎介『資本主義の未来と現代イスラーム経済（上・下）』詩想舎、2020年
加藤博『イスラム世界の経済史』NTT出版、2005年

長岡慎介編『イスラームからつなぐ2　貨幣・所有・市場のモビリティ』東京大学出版会、２０２４年
三浦徹・岸本美緒・関本照夫編『比較史のアジア――所有・契約・市場・公正』東京大学出版会、２００４年
長岡慎介『現代イスラーム金融論』名古屋大学出版会、２０１１年

資本主義

長岡慎介『お金ってなんだろう？――あなたと考えたいこれからの経済』平凡社、２０１７年
岩井克人『ヴェニスの商人の資本論』ちくま学芸文庫、１９９２年
岩井克人・前田裕之『経済学の宇宙』日経ビジネス人文庫、２０２１年
デヴィッド・グレーバー『負債論――貨幣と暴力の5000年』酒井隆史他訳、以文社、２０１６年
トマ・ピケティ『21世紀の資本』山形浩生他訳、みすず書房、２０１４年

私たちが育んできた経済の知恵

平野（野元）美佐『沖縄のもあい大研究――模合をめぐる　お金、助け合い、親睦の人類学』ボーダーインク、２０２３年
山本明弘『融資はロマン――フェイス・トゥ・フェイスとフットワークで地域を支えるシシンヨー』金融財政事情研究会、２０２３年
渋沢栄一『現代語訳　論語と算盤』守屋淳訳、ちくま新書、２０１０年
末永國紀『近江商人学入門――ＣＳＲの源流「三方よし」（改訂版）』サンライズ出版、２０１７年
新井和宏『持続可能な資本主義――１００年後も生き残る会社の「八方よし」の経営哲学』ディスカヴァー携書、２０１９年

ちくまプリマー新書

094 景気ってなんだろう　岩田規久男
景気はなぜ良くなったり悪くなったりするのだろう？　アメリカのサブプライムローン問題が、なぜ世界金融危機につながるのか？　景気変動の疑問をわかりやすく解説。

213 地球経済のまわり方　浜矩子
風が吹けば桶屋が儲かる。カラクリに気づけば、経済は面白い！　古今東西の物語をまくらに、経済の根本原理と地球経済の今を描き出す。

302 市場って何だろう ——自立と依存の経済学　松井彰彦
自立のために、多くの依存先を持とう！　様々な依存先を提供しうる市場という頼れる存在。市場をゲーム理論で読み解きながらそのあり方・可能性を考えてみる。

368 値段がわかれば社会がわかる ——はじめての経済学　徳田賢二
私たちの社会生活において「経済」の占める場所は大きい。そのしくみはどのようなものか。生産から消費まで、「値段」を手がかりに解き明かした経済学入門。

ちくまプリマー新書

456
税という社会の仕組み
諸富徹
なぜ税を納めたくないのだろう？　税は使途を選択し、払うことができる。税制の歴史、問題点や展望を見つめ、民主主義を実現するための税という仕組みを考える。

080
「見えざる手」が経済を動かす
池上彰
市場経済は万能？　会社は誰のもの？　格差問題の解決策は？　経済に関するすべてのギモンに答えます！「見えざる手」で世の中が見えてくる。待望の超入門書。

448
ニッポンの数字
――「危機」と「希望」を考える
眞淳平
縮みゆくこの国を待ち受ける未来は暗いのか？　社会を考えるための論点各々を、数字をベースに考えると、「危機」と「希望」の両面が見えてくる。

290
新しい時代のお金の教科書
山口揚平
お金ってそもそもなんだろう？　貨幣経済と産業構造がものすごいスピードで変化する今、私たちが知っておくべきお金の仕組みとは？　お金の未来はどうなるのか？

ちくまプリマー新書

427 客観性の落とし穴　村上靖彦

「その意見って、客観的なものですか」。数値化が当たり前になった今、こうした考え方が世にはびこっている。その原因を探り、失われたものを明らかにする。

386 「日本」ってどんな国？ ――国際比較データで社会が見えてくる　本田由紀

家族、ジェンダー、学校、友人、経済・仕事、政治・社会運動について世界各国のデータと比較し、日本がどんな国か考えてみよう。今までの「普通」が変わるかも⁉

276 はじめての哲学的思考　苫野一徳

哲学は物事の本質を見極める、力強い思考法を生み出してきた。誰もが納得できる考えに到達するためのその思考法のエッセンスを、初学者にも理解できるよう伝える。

395 人生はゲームなのだろうか？ ――〈答えのなさそうな問題〉に答える哲学　平尾昌宏

読書猿さん推薦！　ルールも目的もはっきりしないこの「人生」を生き抜くために、思考の「根拠」や「理由」をひとつひとつ自分で摑みとる練習を始めよう。

ちくまプリマー新書

407
哲学するってどんなこと？
金杉武司

謎に溢れた世界の読み解き方を教えてくれる哲学。でも何からどう取り組めばいいの？　問いの立て方から答えの探し方まで、練習問題とともに学べる新しい哲学入門。

238
おとなになるってどんなこと？
吉本ばなな

勉強しなくちゃダメ？　普通って？　生きることに意味はあるの？　死ぬとどうなるの？　人生について、生まれてきた目的について吉本ばななさんからのメッセージ。

405
「みんな違ってみんないい」のか？
――相対主義と普遍主義の問題
山口裕之

他人との関係を切り捨てるのでもなく、自分と異なる考えを否定するのでもなく――「正しさ」とは何か、それはどのようにして作られていくものかを考える。

412
君は君の人生の主役になれ
鳥羽和久

管理社会で「普通」になる方法を耳打ちする大人の中で育ち、安心を求めるばかりのあなたは自分独特の生き方を失っている。そんな子供と大人が生き直すための本。

ちくまプリマー新書

226
何のために「学ぶ」のか
――〈中学生からの大学講義〉1
外山滋比古／前田英樹／今福龍太／茂木健一郎／本川達雄／小林康夫／鷲田清一
大事なのは知識じゃない。正解のない問いを、考え続けるための知恵である。変化の激しい時代を生きる若い人たちへ、学びの達人たちが語る、心に響くメッセージ。

227
考える方法
――〈中学生からの大学講義〉2
永井均／池内了／管啓次郎／萱野稔人／上野千鶴子／若林幹夫／古井由吉
世の中には、言葉で表現できないことや答えのない問題がたくさんある。簡単に結論に飛びつかないために、考える達人が物事を解きほぐすことの豊かさを伝える。

228
科学は未来をひらく
――〈中学生からの大学講義〉3
村上陽一郎／中村桂子／佐藤勝彦／高薮縁／西成活裕／長谷川眞理子／藤田紘一郎／福岡伸一
宇宙はいつ始まったのか？　生き物はどうして生きているのか？　科学は長い間、多くの疑問に挑み続けている。第一線で活躍する著者たちが広くて深い世界に誘う。

229
揺らぐ世界
――〈中学生からの大学講義〉4
立花隆／岡真理／橋爪大三郎／森達也／藤原帰一／川田順造／伊豫谷登士翁
紛争、格差、環境問題……。世界はいまも多くの問題を抱えて揺らぐ。これらを理解するための視点は、どうすれば身につくのか。多彩な先生たちが示すヒント。

ちくまプリマー新書

230
生き抜く力を身につける
――〈中学生からの大学講義〉5
大澤真幸／北田暁大／多木浩二／宮沢章夫／阿形清和／鵜飼哲／西谷修
いくらでも選択肢のあるこの社会で、私たちは息苦しさを感じている。既存の枠組みを超えてきた先人達から、見取り図のない時代を生きるサバイバル技術を学ぼう！

305
学ぶということ
――続・中学生からの大学講義1
桐光学園＋ちくまプリマー新書編集部編
受験突破だけが目標じゃない。学び、考え続ければ重い扉が開くこともある。変化の激しい時代を生きる若い人たちへ、先達が伝える、これからの学びかた・考えかた。

306
歴史の読みかた
――続・中学生からの大学講義2
桐光学園＋ちくまプリマー新書編集部編
人類の長い歩みには、「これから」を学ぶヒントがいっぱいつまっている。その読み解きかたを先達に学び、君たち自身の手で未来をつくっていこう！

307
創造するということ
――続・中学生からの大学講義3
桐光学園＋ちくまプリマー新書編集部編
技術やネットワークが進化した今、一人でも様々なことができるようになってきた。新しい価値観を創る力を身につけて、自由な発想で一歩を踏み出そう。

ちくまプリマー新書476

イスラームからお金《かね》を考《かんが》える

二〇二四年十二月十日　初版第一刷発行

著者　長岡慎介（ながおか・しんすけ）

装幀　クラフト・エヴィング商會

発行者　増田健史

発行所　株式会社筑摩書房
東京都台東区蔵前二‐五‐三　〒一一一‐八七五五
電話番号　〇三‐五六八七‐二六〇一（代表）

印刷・製本　中央精版印刷株式会社

ISBN978-4-480-68507-0 C0233 Printed in Japan